LUMINAIRE

光启

超越身体边界

Beyond the Periphery of the Skin

〔意〕西尔维娅·费代里奇
Silvia Federici
著

汪君逸 译

上海人民出版社　光启书局

LUMINAIRE BOOKS

编者序

　　这套丛书所收录的作品涉及非常广泛的内容：从近代西方的机械主义传统到欧洲的猎巫史，从植物的性别研究到资本主义原始积累，从少数群体的暴力反抗史到西伯利亚地区的泛灵论，从家务劳动到陪伴我们的物种……这些议题之间，有什么共同之处？它们在什么意义上能构成一个整体？

　　事实上，对于大部分的单册，我们都可以提出"统一性"或"整体性"的问题。尽管它们都是"学者"之作，但习惯于"学术分类"的读者，第一感觉很可能是不着四六。隆达·施宾格（Londa Schiebinger）的《自然的身体》涉及17—18世纪欧洲的分类学研究与厌女思想之间的关系；在唐娜·哈拉维（Donna Haraway）的《同伴物种》中，我们会看到"狗与人类的共生史"与"全球战争"这样的问题被同时提出；在纳斯塔西娅·马丹（Nasstasja Martin）的《相信野兽》中，作者被熊袭击的自述与她的田野日志交织在一起……不仅每一部作品都涉及通常在"学科"内部不会去混搭的问题，而且学科归类本身对于绝大部分的作品来说都是无效的。在西尔维娅·费代里奇（Silvia Federici）的作品中，我们都可以看到作者在严谨的哲学分析、耐心的史学调查，以及尖锐的政治经济批判之间切换自如；艾乐莎·多兰（Elsa Dorlin）对于暴力史的重构，同时是对于经典与当代政治学的解构；而在阅读凡希雅娜·德普莱（Vinciane Despret）对于动物行为学的方法论分析的过程中，读者所获得的最大乐趣很可能在于与意识形态批判和伦理学探讨的不期而遇。

看起来，唯一可以为这些作品贴上的标签，似乎只能是不按常理出牌的"先锋"或"激进"思想。或者，我们借此丛书想要进行的尝试，是令"学术大众化"，令之更"吸睛"？——是也不是。

让我们回到对学术作品有所涉猎的读者可能会有的那种"不着四六"的最初印象。这种不适感本身，是我们所处世界的一种典型症候。这是一个价值极度单一的世界。效率与效益是它衡量一切的尺度。人与物、人与事都以前所未有的方式被标准化，以特定的方式被安插到一个越来越精密、越来越无所不包的网络中。文化产品像所有的产品一样，思想生产者像所有的生产者一样，被期待以边界清晰的方式贴有标签。

关于这样的世界，学者们诟病已久。无论是"生命政治""全球资本主义"，还是"人类纪"这些术语，都从不同的角度将矛头指向一套对包括并首先包括人在内的一切进行工具化、标准化与量化，以求获得最大效益的逻辑。这些"现代性批判""意识形态批判"或者说"批判理论"纷纷指出，这种对于"不可测""不可计量""不可分门别类"，因而"不可控""不可开发／压榨"（exploit）的东西的敌意与零容忍，是在行挂羊头卖狗肉之事：以"发展""进步""文明"之名，实际上恶化着我们的生活。

尤其是其中的一种观点认为，这样的"现代社会"并没有也不可能履行现代性的承诺——更"自由"、更"平等"、更有"尊严"，反而在它的成员之间不断加剧着包括经济上的剥夺—剥削与政治上的统治—服从在内的不公正关系。"学院"里的人将此称作"正义理论"。当卢梭的《论人与人之间不平等的起因和基础》以如下论断作为全篇的结论——当一小撮人对于奢侈品贪得无厌，大部分人却无法满足最基本的需要时，他一定不曾预见到，这番对于当时处于革命与民族国家诞生前夕的欧洲社会现状的控诉，居然在现代化进程声称要将它变成历史并为之努力了近300年之后，仍然如此贴切地描绘着现代人的境遇。

如果说这应该是今天"正义理论"的起点，那么包括本丛书编者在内的，在学院中从事着"正义理论"研究的学者，都多多少少会受困于一种两难：一方面，像所有的领域一样，"学术"或者说"思想"也是可以并正在以空前的方式被标准化、专门化、量化、产业化。我们的网，由各种"经典"与"前沿"、"范式"与"路径"、"史"与"方法"所编织，被"理性""科学"这样的滤网净化，那种为了更高的效率而对于一切进行监控与评估的逻辑，并不因为我们自诩接过了柏拉图或孔夫子的衣钵，自以为在追问什么是"好的／正当的生活"这一古老的问题，而对我们网开一面。这个逻辑规定着什么样的言论是"严肃"的、"严谨"的、"专业"的，也即配得上"思想"之美名的。而另一方面，"正义理论"中最常见的那种哲学王或者说圣贤视角，在企图拿着事先被定义好的、往往内涵单一的"公正"或"正确"去规定与规划一个理想的社会时，在追求"正统""绝对"与"普世"的路上，恰恰与上述"零容忍"的逻辑殊途同归。所幸的是，哲学王与圣贤们的规划大多像尼采笔下那个宣布"上帝死了"的疯子一样没有人理睬，否则，践行其理论，规定什么样的"主体"有资格参与对于公正原则的制定，什么样的少数／弱势群体应该获得何种程度的补偿或保护，什么样的需求是"基本"的，等等，其结果很可能只是用另一种反正义来回应现有的不正义。

对于困在"专业"或"正统"中的我们而言，读到本丛书中的每一部作品，都可以说是久旱逢甘露。"现代性"的不公正结果是它们共同关心的问题，但它们皆已走出上述两条死路。它们看似的"没有章法"并非任意为之的结果，而恰恰相反，是出于一种立场上的高度自觉：对于居高临下的圣贤视角，以及对于分门别类说专业话的双重警惕。

本丛书名中的"差异"，指的是这一立场。在"法国理论"与"后现代主义"中成为关键词的"差异"，并不简单地指向与"同一"相对立的"另类"或"他者"，而是对于"同一""边界"乃至于"对立"本身的解构，也即对于任何计量、赋值、固化与控制的解构。"差异"也是本丛书拒绝"多元"或"跨学科"这一类标签的方式——它们仍然预设着单一领域或独立学科的先在，而我们的作者们所抵制的，正是它们虚假的独立性。

作为解构的差异，代表着西方正义理论半个世纪以来发生的重大变化：它不再将统一的"规划"视作思考正义的最佳方式。"解构"工作中最重要的一项，可能也是我们所收录作品的最大的共同点，在于揭示上文所提到的那种受困感的原因。为何包括学者或者说思想家在内的现代人，越是追求"自由""平等"这样的价值，就似乎越是走向"统治"与"阶序"这样的反面？这一悖论被收录于本丛书的艾乐莎·多兰的《自卫》表述为：我们越是想要自卫，就越是失去自卫的能力与资格。（当然，正在阅读这些文字的读者以及我们这些做书之人，很有可能因为实际上以这样或那样的方式处于优势并占据主导，而应该反过来问：为什么我们越是不想要施加伤害、造成不幸，就越是会施加伤害、造成不幸？）

借用奥黛丽·洛德（Audre Lorde）的话来说，这一悖论的实质在于我们企图"用主人的工具掀翻主人的房子"，到头来很可能又是在为主人的房子添砖加瓦。差异性解构的最重要工作，是对于这些工具本身的解剖。它们不仅仅包括比较显而易见的价值观或意识形态，而且尤其包括作为其基质的一系列认识方式。彼此同构，因而能够相互正名的认知模式，价值认同模式与行动模式一起构成了布迪厄所称的"惯习"（habitus），它同时被社会现实所塑造又生成着社会现实。因此，对于这三种模式，尤其是看似与社会关系无关的认知模式的考量，才能最彻底地还原出主人工具的使用说明书。

就此而言，我们所收录的作品确实可以被称作"激进"的。但这种激进不在于喊一些企图一呼百应的口号，而在于重新揭示出现代"学术"与"思想"所分割开的不同领域（科学与伦理、历史叙事与政治建构）之间的"勾搭"：现代科学所建立的一整套"世界观"直接为现有的社会秩序（包括不同地域、性别、阶层的人之间，乃至于人与非人、人与环境之间的规范性关系）提供正当性保证。这是因为"科学研究"总是以一定的范式，也即福柯所谓的"知识型"展开，而这又使得科学家的科学研究实际上常常是"正常"/"正当"的社会关系在"自然"对象上的投射过程。将"中立"的科学与总是有立场的政治分开就是主人工具中最主要的一个，而重现发掘它们的默契，是我们的作者最主要的"反工具"。以唐娜·哈拉维为代表的越来越多的学者通过对于科学史的考量指出，被预设的人类特征成为"探索"不同物种的尺度（动物是否有意识，动物群体是不是雄性主导，等等），而这样的"研究成果"又反过来证明人类具有哪些"先天本性"。这样的循环论证无非有的放矢地讲故事，这些故事的"道理"（the moral of the history）无不在于现有的秩序是合理的——既然它有着生物学和演化论的依据。本丛书所收录的隆达·施宾格与凡希雅娜·德普莱的作品是这种"反工具"的代表作，读者能由此透过"科学"自然观与物种史的表象，窥见植物学与动物行为学研究是如何成为现代意识形态与权力关系的投幕的。当科学家们讲述植物的"受精"、物种的"竞争"时，他们是在以隐喻的方式复述着我们关于两性关系乃至人性本身的信仰。这种相互印证成为同一种秩序不断自我巩固的过程。机械的自然、自私的基因、适者生存的规律，都成为这一秩序的奠基神话。

通过丰富的例证，我们的作者提醒我们，在现代化进程中扮演着"启蒙"角色的"中立"与"客观"的"认识"，及其所达到的"普世真理"，其实质很可能并不是"认识"，而是故事或者说叙事模式，它们与现代人所想要建立的秩序同构，令这种秩序看上去不仅正当，而且势在必行。回到本文的开头，机械主义自然观、两性分工、实验室中的动物行为学、资本主义"原始"积累……这些议题之间有什么内在联系？其内在联系在于，它们都是一部被奉为无二真相的"正史"的构成要素。再回到全观视角之下的"正义理论"，它为什么很可能是反正义的？因为它恰恰建立在这种被粉饰为真理的统一叙事之上——对于人类史的叙述，乃至对于自然史的叙述。其排他性与规范性所带来的后果是与正义背道而驰的各种中心主义（"男性"中心主义、"西方"中心主义、"人类"中心主义……）。

既然如此，那么当务之急，或者说最有力的"差异化"/"反工具"工作，是"去中心主义"，也即讲述多样的，不落入任何单一规律的，不见得有始有终，有着"happy end"的故事。费代里奇曾转述一位拉丁美洲解放运动中的女性的话："你们的进步史，在我们看来是剥削史。"凡希雅娜·德普莱不仅揭示出以演化心理学为代表的生物还原论的自欺欺人之处，而且通过将传统叙事中的"竞争""淘汰"与"统治"预设替换为"共生"预设，给出了关于动物行为的全然不同，但具有同等说服力的叙述模式。

在尝试不同叙事的同时，我们的作者都在探索其他共处模式的可能性，本丛书名中的"共生"，指的是他们所作出的这第二种重要的努力，它也代表着正义理论近几十年来的另一个重要转向。"共生"亦代表着一种立场：寻找

"社会"之外的其他交往与相处模式。近代契约论以来的"社会"建立在个体边界清晰，责任义务分明，一切都明码标价，能够被商议、交换与消耗的逻辑之上，也就是本文开头所称的，对于任何差异都"零容忍"的逻辑之上。这是现代人构想任何"关系"的模板。然而，"零容忍"很显然地更适用于分类与排序、控制与开发，而并不利于我们将彼此视作生命体来尊重、关怀、滋养与照料。

如果说，如大卫·格雷伯所言，资本主义最大的胜利在于大家关于共同生活模式的想象力匮乏，那么对于不同的共生模式的发现与叙述是本丛书的另一种"激进"方式。纳斯塔西娅·马丹笔下的原住民不再是人类学家研究与定性的"对象"，而是在她经历了创伤性事件之后渴望回归时，能帮助她抵抗现代社会所带来的二次伤害的家。"身份"在这里变成虚假而无用的窠臼。凡希雅娜·德普莱将"intéressant"（有意思的，令人感兴趣的）这一如此常用的词语变成她分析问题的一个关键抓手。当她将传统的"真""假"问题转换成"有意思""没意思"的问题，当她问"什么样的实验是动物自己会觉得有意思的？""什么样的问题是动物会乐意于回答的？""什么是对于每个生命体来说有意义的？"时，人与人、人与非人、来自不同物种的个体之间，总而言之，不同的生命体之间，豁然呈现出崭新的互动与应答方式。这一次，是"本质"这个对于科学如此重要的概念变成了认识的障碍。费代里奇近年来提出的"politics of the commons"则不仅仅是在强调无剥削无迫害的政治，更是在将快乐——令人快乐（joyful）这种不可量化也没有边界的情感，变成新的共生模式的要素。因为共生，首先意味着共情。

因此，我们的作者在激进的同时是具有亲和力与感染力的。读者一定会对于这些看似"学术"的作品的可读性表示惊喜。凡希雅娜·德普莱的文字是俏皮而略带嘲讽的，费代里奇的文字是犀利但又充满温度的，没有人会不为纳斯塔西娅·马丹不带滤镜的第一人称所动，这样的作品令绝大多数学术作品黯然失色。然而"可读性"并不是编者刻意为之的择书标准，毋宁说，它就是我们的作者的"共生"立场。从古代走来的"正义理论"最重要的转型正在于：有越来越多的"理论家"不再相信理论与实践之间的界限，更不再相信建立正义是一个教与学的过程。思想、写作、叙事对于他们而言都已经是行动，而分享故事，是共同行动的开端。这也是为什么，他们并不吝啬于让读者看到自己的困惑与试探。思想是有生命的，在他们的笔下，这种生命不被任何追求定论的刻板要求，不被任何"我有一套高明的想法，你们听着"的布道使命感所遏制。对于他们而言，思想展开的过程，与它的内容一样应该被看到。这样的思想可能是不"工整"的，可能不是最雄辩的，可能不是最方便于被"拿来"的，但一定是最能够撼动读者，令读者的思想也开始蠢蠢欲动、开始孕育新生的。面对这样的作品，阅读如此轻易地就能从"文化消费"中解脱出来，而变成回应、探讨、共同推进一些设想的过程。公正的思想不仅仅是思考"公正"的思想，而是将公正的问题，将"好的生活"的问题交到所有人手中的思想。

没有任何思想是无中生有的。"非原创"才是思想的实质。本丛书所收录的作品，也都"站在巨人的肩膀上"。作为解构的"差异化"工作始于20世纪六七十年代，揭示科学与政治貌离神合的关系的，中文读者已能如数家珍地举出福柯、拉图尔等"名家"。在我们的作者中，也有着明显的亲缘关系，例如从哈拉维到凡希雅娜·德普莱。而"共生"作为对于有别于"社会"的共同体模式的构想，也有其历史。女性主义中 sisterhood 的提法，以及格雷伯从经济人类学的角度所提出的"baseline communism"，都是关于它的代表性表述。可惜的是，巨人之上已经蔚为大观的这些"新正义理论",在汉语世界中仍然无法进入大家的视野,仍然被排挤于各种"主流"或"正统"的思想启蒙之外。这些作品中有一些是一鸣惊人的,另一些早已广为流传并不断被译介。本丛书的三位编者,尹洁、张寅以及我自己,每接触一本,就感慨于如果在求学、研习与教学的路上早一点读到它,可以少走很多企图"用主人的工具掀翻主人的房子"的弯路。在引介思想的过程中摘掉一些有色眼镜,少走一些弯路,将对于共生的想象力种植到读者心中,这是创立本丛书的最大初衷。

谢 晶

2023 年 5 月于上海

目 录

导 读

　　在 20 世纪六七十年代的美国，一些被后人归入"第二波"的女性主义者开始有意地把女巫的形象用作一种政治挑衅。按照费代里奇在《凯列班与女巫：妇女、身体和原始积累》中对当年论者的转述，纽约等城市的一些女性主义团体不仅明确地以女巫集会（coven）自居，而且以文字游戏的方式把"witch"展开为"来自地狱的女性国际恐怖主义阴谋"（Women's International Terrorist Conspiracy from Hell）——在那个仿佛无比久远的年代，"恐怖主义"一词还没有经受本世纪的再造。这些团体在一份传单中提出：

　　　　女巫向来都是敢于有勇气的、强势的、聪明的、不循规蹈矩的、好奇的、独立的、性解放的、革命的女性……女巫在每个女人身上生活和欢笑着。她是我们每个人的自由部分……你若是女性的、桀骜不驯的、愤怒的、欢乐的、不死的，你就是女巫。[①]

尽管这里的自豪、激情洋溢和对旧制度的不屑是显而易见的，但是至少从激进的批判和革命的角度看，这番话依然未能摆脱政治上的暧昧和摇摆。与其他许多反抗群体一样，女性对独立和自由的争取不大可能单纯以温文尔雅的方式进行。相反，之所以反抗者必须做好暴力斗争的准备，是因为形形色色的压迫者从未忘记自己向来掌握了多种形式的暴力，就连装作忘记暴力、对暴力表示惊诧或遗憾这类姿态本身都不过是暴力的一种——反抗者的暴力从一开始就只是防御罢了。因此，倘若女巫集会没有分析可能的暴力运动并投身其中，那么不论多么尖锐的言辞都只会变成所谓的阅读体验，变成找到"真我"的满足，或者变成对语义的享受，最终在当权者、"严肃"学者和如今的人工智能对社会的病理诊断中变成一则材料。地狱必须有它独特的阵势。

1972 年，30 岁的费代里奇摆出了自己的阵势：她作为创立者之一参与了"为家务工作争取工资"（Wages for

[①] Silvia Federici, *Caliban and the Witch*, Autonomedia, 2004, 206.

Housework）的运动，并在三年后发表了《以工资反对家务劳动》一文。这场运动在 70 年代的许多发达国家是十分激烈的；到了 2021 年，她在新书《工资父权制：对马克思、性别和女性主义的评注》中仍然力图捍卫这场运动的基本原则。可见对费代里奇而言，女巫的道具不是神秘的、早已被流行文化吸纳的黑袍、魔杖和坩埚，而是以对工资的计算为后盾的有时诉诸暴力的运动。计算性和经济学不是注定要为秩序和治理服务的，而是可能成为地狱的全副武装之一。

这样一种基于计算的革命暴力既决定了费代里奇对马克思的吸纳，又决定了她对他的批评。按照马克思的理论，一般阶级社会中的剥削之所以可能，是因为劳动者的产出总体上大于劳动者的收入，而后者总体上等于劳动者为了维持生活、提升技能、调节情绪和生养后代而发生的消费。如果把前者称作生产，把后者概括为劳动者个人和群体的再生产，那么剥削的必要条件就是生产总体上大于再生产。在现代资本主义中，再生产的花费主要是由工资支付的，而包括国家在内的福利机构也会承担一部分。如果在简化的模型中不考虑福利机构，就可以说现代工人要用工资来应付生活、培训、娱乐和生养。这当中立刻出现了一个至关重要的对比：如果说在培训等许多再生产活动中，工人把一些工资支付给了相关服务的提供者，而把自己仅仅放在消费者的位置上，那么至少对于家务、性交、生养等再生产活动，工资的用途却一般只是购买相关的物品，仿佛没有发生任何人工费用。然而毫无疑问，倘若在家务、性交、生养等活动中并不是所有人都仅仅处在消费者的位置上，而是有人——在现实中显然以顺性别的女性为主——处在劳动者的位置上或兼有两个职能，那么按照经济常识，后者是有权获得报酬的，尽管同样按照常识，这样的权利仿佛并不存在。简言之，再生产中的一部分人工费用没有被考虑到，没有被纳入会计（即双重意义上的"unaccounted for"）。这也正是马克思本人所忽视的方面。

当常识发生自相矛盾，权利既存在又不存在时，常见的、体面的批判思路是通过证成合理的权利来建立正确或进步的常识，但这种自封的理性主义与费代里奇无关。与马克思一样，她不大理会基于权利的批判，而是以思想的彻底性指出了"为家务工作争取工资"的主张所隐含的激进结果：这份工资导致的远远不止让再生产中的无偿劳动变得有偿，从而改善大量女性的状况，而是迫使再生产无法廉价地完成，需要更高的花费，从而迫使社会的工资总额提高到对资本家阶级而言缺乏利润的水平（在注重福利的国家中，工资的这种提高可以被替换为福利支出的增加，于是尽管资本的利润得到了保护，代价却是国家等机构的巨额负债）。总之，看似凡俗的会计问题一路通向对资本主义的颠覆：

> 然而应该清楚地看到，在为［家务工作的］工资而斗争时，我们并不是为了进入资本主义关系而斗争，因为我们从来没有处在这些关系之外……由此，为家务劳动争取工资之所以是一项革命性的要求，不是因为它本身摧毁了资本，而是因为它对资本的攻击会迫使其以对我们更有利的方式重组社会关系，从而更有利于阶级的联合。①

这一切意味着费代里奇并没有陷入经济主义或改良主义，虽然整个"为家务工作争取工资"的运动和其他类似的运动是更加复杂的。她也没有设定女性天生更加适合再生产领域的劳动，因为推翻资本主义将导致一切劳动领域所附

---

① Silvia Federici, *Wages against Housework*, Falling Wall Press, 1975, 5.

带的性别、种族、地域的暗示被揭露和消灭。同时，她还巧妙地绕过了如何为再生产中的无偿劳动规定合理工资的问题（比如特别尖锐的以色情业为参照来规定性交价格的提议）。从她的思路出发，诸多不同的计算或计归（imputation）方法只要自身是连贯的和完整的，就不需要区分优劣，而是可以并存，因为它们提高社会的工资总额的效果是一致的。

进一步讲，即使在当今比较开明的环境中，再生产领域的劳动或许不再主要由女性承担，费代里奇的批判在原则上也没有被削弱。她在 2022 年的一次访谈中指出：

> 分担家务可能会改变与男性的关系——不必什么都由女性干，这也很好——但它不会改变与资本主义的关系，不会改变家务工作的价值丧失（devaluation）。同时，我们已经看到，有余裕的女性现在会雇用照管工人，大多是移民女性。[1]

"价值丧失"一词来自马克思的术语 Entwertung，它指的

---

[1] Silvia Federici & Rachel Andrews, "Interview", *The White Review*, 2022, https://www.thewhitereview.org/feature/interview-with-silvia-federici/.

是商品的价值以某种方式遭到了取消，比如家务工作没有被纳入会计。相反，一般所说的贬值（depreciation）指的是商品或通货的相对价格的下降，这只是市场中的一种普通现象。只要一部分再生产活动仍旧倾向于遭受价值丧失，工资总额就还能给利润和剥削留出更大的空间。不仅如此，费代里奇无疑正确地指出，再生产中的女性问题在开明的环境中远远没有消失，而是被置换到了从事家务的移民女性身上——不少地区和群体在只考虑"常规"人口时表现出的自由和进步完全可能建立在不将移民纳入考虑的基础上。这个视角似乎在很多时候已经成了激进左翼与包括多种体面的女性主义在内的主流左翼相区别的一个标志。

以上概述了费代里奇眼中的当下状况的某些方面。在激进的批判学者眼中，有吸引力的历史研究（这也许只占全部史学的一小部分）几乎总是当下的某种扭曲的、破碎的镜子，这面镜子可能呈现出有别于当下的另一条道路的萌芽，或当下的不被承认的起源，或当下难以实现却一直效法的样板。如果说很多人类学属于第一种，有些对灭绝营的研究属于第三种，那么《凯列班与女巫》和《对女性的恐惧：女巫、猎巫与妇女》大概属于第二种：与女巫在20世纪后期成为激进的政治形象这一过程相反，资本主义崛起的时代，即欧洲中世纪晚期和现代早期的一大主题被揭示为通过迫害女巫来迫使女性接受新的再生产职能。简言之，不是暴力反抗，而是暴力镇压。

从史学本身的角度讲，费代里奇强烈地质疑了一种流俗的进步观念，即认为现代在一切方面，比如在女性问题上总归好于前现代。然而，再生产中的无偿劳动被主要指派给女性这一情形似乎恰好是由早期资本主义推动的。这里的核心是对猎巫的考证：看起来极其迷信和野蛮的猎巫恰好主要发生在早期资本主义时代，而不是被视为更加落后的旧时代。具体地讲，《凯列班与女巫》聚焦于16—17世纪，《对女性的恐惧》则扩展到了15—18世纪。同时，至少就不列颠而言，猎巫兴盛的地区也是圈地运动流行的地区，即英格兰和苏格兰低地，而地产制度更加传统的苏格兰高地和爱尔兰并没有多少对女巫迫害的情况。圈地运动与猎巫的同时代性（coevality）显示出了马克思对前者的经典分析的不足。当圈地运动导致大量农村人口被迫离开土地、沦为无产者时，马克思发现正是"他们"为早期的雇佣劳动充当了廉价的工人，从而加速了资本的积累，但这里的"他们"恐怕主要是这些失地农民中的男性，而"他们"在劳动之余所需要的再生产活动以更加廉价或无偿的方式落到了失地农民中的女性身上。当她们或多或少不能适应这个职能，乃至试图反抗时——正如男性无产者也时常反抗一样——就会出现各种规训和镇压，并在极端时借助猎巫的名义。总之，先前的女性未必惯于承担再生产中的无偿劳动，但是男性无产者向产业工人的转化同时要求她们向家务工人转化，而这些转化绝不是平和的。

费代里奇的这一叙述意味着女性斗争的史实必须得到同等的重视。倘若假定女性有史以来——或无始以来——总是以不计回报的家务工人为典范，那么围绕圈地运动之类的事件而展开的叙述就必定是男性遇到困局、男性进行反抗、男性遭到镇压或取得胜利。总之，全部戏剧仿佛只能发生在男性或积极的角色身上，而女性作为消极的角色始终在旁观。但若不理会这类想象中对积极与消极的划分（这既是性别的又是东方主义的，等等），女性就同样在各种戏剧中活跃，女性斗争的史实也可以在对历史过程的整体叙述中得到定位，而不是被当作零散的琐事，仅仅出现在不"严肃"的历史趣闻中。

从思维方式的角度讲，费代里奇探讨了女性职能的现代转化如何呼应了某些观念和形而上学的变更。例如，早期现代哲学中的内心与外物、头脑与身体的关系问题表面上是要思考内心或头脑与外物或身体如何相互影响，可是实际上，思考的重心似乎往往偏向于内心如何影响外物、如何驾驭外物、如何从外物中获得自由，等等。这种主导性的偏向在一定程度上正是因为双方是以性别化的方式被理解的，内心影响外物、头脑驾驭身体之类的说法隐含了压制女性的要求，有时还隐含了对压制的力度是否足够的担忧。当然，这种性别化还或多或少地适用于更多的二元对立，比如理智与情欲、人类与禽兽。于是，让·博丹（Jean Bodin, 1530—1596）、托马斯·霍布斯（Thomas Hobbes, 1588—1679）等人对猎巫的赞同看来并不是与他们的人性论相分离的；哲学家以世俗法庭不见得能明白、不见得感兴趣的方式支持了世俗法庭对女巫的制裁——这种支持大概是哲学家的保留节目了。

早期资本主义所执行的另一个观念上的重大变革是把自然界确立为有待利用的对象，比如有待占据、有待成为财产的土地和资源。这不仅导致了广为人知的对各种土著的暴行——因为他们的家乡被合法地当成无主的——而且在很多地区并不是与性别无关的：

　　由于妇女与生育过程的独特联系，许多前资本主义社会都认为妇女对自然界的秘密有特别的理解，这据说让她们得以掌控生死、发现事物的隐藏属性。……这正是当资本主义企图构造一个更机械化的世界观时，女性会遭到首要打击的原因之一。对自然世界的"合理化"——这是更加严苛的工作纪律和科学革命的先决条件——是通过消灭"女巫"来实现的。①

费代里奇并没有主张那些前现代社会授予女性的神秘权力都是可信的，也没有幻想任何向前现代的回归。然而，她的确毫不含混地谴责了资本主义对自然界的合理化（更一般地讲，激进左翼很少认为现代资本主义的生态危机能够通过对资源的合理利用来解决，而是恰好认为这种自封的理性主义是生态危机的原因），并且强调了这对女性权力的削弱。很明显，这一削弱有助于把女性束缚在新的再生产职能中。

最后，从当代斗争的角度讲，这也许可以重新把我们从历史拉回当下，费代里奇在《对女性的恐惧》第二部分中，用大量资料证明猎巫之类迫害女性的行径在近几十年

---

① Silvia Federic, *Witches, Witch-hunting, and Women*, PM Press, 2018, 28.

的第三世界并不罕见，而且世界银行等由强权国家支配的组织在其中的角色绝不光彩。由此，她有力地推进了《凯列班与女巫》中对马克思的质疑：按照后者的说法，成熟的资本主义主要依靠以客观面目出现的经济规律来进行强制和压迫，只有在例外的情况下才会动用如同原始积累那样赤裸裸的暴力；那么，全世界能否普遍地进入成熟的资本主义，把血腥的原始积累抛在身后？费代里奇的回答是否定的，原始积累根本不原始，而是伴随了资本主义发展的每一个阶段。"不断把农民从土地上驱逐出去、在世界范围内进行战争和掠夺、以及降低女性的地位，是资本主义在一切时代的存在所必需的条件。"[1] 因此，随着全球资本主义的不断扩张和更新，这些与不列颠的圈地运动类似的情形——有人称之为必要的恶——会无止境地在第三世界发生；这恰好不是现代化不足所造成的，而是现代化本身所造成的，而且如今第三世界的现代化难免处在强权国家的监督和胁迫之下。

这样一来，费代里奇就不能不促使今天的人们考虑最困难的道路：既不容忍第三世界的诸多前现代状况，又不

---

[1] Silvia Federici, *Caliban and the Witch*, Autonomedia, 2004, 13.

接受反复开动的所谓原始积累。与半个世纪前的女巫集会一样，这条道路也必须有它的阵势，只不过不大可能停留于当初的"为家务工作争取工资"，而要加入别的措施。可是对于这一点，她和许多学者一样并没有非常确切的看法。在《超越身体边界》中，她比较简短地赞美了"舞蹈的身体"；[1] 而在《工资父权制》中，她试探性地举出了几种通向解放的活动："城市园艺、时间银行、开放源代码"[2]——很明显，这一切比女巫集会温和太多了。

尽管在制定激进的措施方面相对薄弱，但在《超越身体边界》中，费代里奇仍然从否定的方面质疑了近年来发达国家的某些女性主义运动的解放作用。虽然这本书作为演讲和短文的汇集并没有专注于一个话题，但那些质疑事实上成了这本书最受争论的部分。从理论的角度讲，费代里奇攻击的是一种广泛流传的关于身体和性态的建构主义（constructivist）观点，即认为身体和性态的许多方面是在人们的话语实践中被决定的，不论是由统治性的、压迫性的说话者所决定（这是需要揭露的），还是由反抗的、自主的说话者所决定（这是值得赞同的）。这种建构主义观点由

---

[1] Silvia Federici, *Beyond the Periphery of the Skin*, PM Press, 2020, 119 ff.
[2] Silvia Federici, *Patriarchy of the Wage*, PM Press, 2021, 67.

于凸显了言辞或意志的关键作用，难免忽略了在费代里奇眼中至关重要的包括家务在内的经济条件；它对主观性的凸显是以客观性为代价的。更准确地讲，这种观点大体上属于那些有资格忽略经济条件的人，而这远远小于费代里奇所关心的范围。应当说明，虽然这种建构主义时常被当作巴特勒的学说，但是两者不仅相去甚远，而且在根本上是相反的：作为坚定的非人道主义思想家，巴特勒与福柯等人一样彻底拒绝了以为个人或诸多个人能够凭借言辞或意志来做出选择、做出决定的观点，或者说自由的主体被归结为一种人道主义的幻象。由此，巴特勒式的话语装置并不是可以供人操作的工具，她的建构概念也不能适用于"我要建构我的身体和生命"之类的想法。然而，与其说费代里奇未能把批评的矛头对准巴特勒本身，而只是对准了一个被严重误解的大众版本，不如说这种误解本身绝不是偶然发生或容易消除的，而是植根于非人道主义与现存状况和现存的大众文化之间的巨大隔阂：当建构主义在许多社会运动中被援引时，它几乎必定被重新纳入人道主义的思维方式，变成一种对意志的夸大。

从实践的角度讲，费代里奇认为上述建构主义的流行造成了过多的、过于昂贵的、过于危险的用技术手段来改造身体和性态的做法。一方面，她仅仅表达了对某些新技术的忧虑，却未能实质性地分析这些技术是如何被运用的、有哪些值得肯定的和需要反对的地方。这种缺少内容的技术批判至少并不符合现代的激进主义传统，而是显得把身体设定成了一个或多或少封闭起来的、拒绝干预的场所，并把对医疗等相关产业的完全正当的不信任直接迁移到了新技术头上。但是另一方面，费代里奇也表明自己真正担忧的是这些技术手段对女性的共同斗争的不利影响。在她所回忆的 20 世纪 70 年代的运动中：

> 我们拒绝被划分美丑，拒绝遵循强加给我们的美的最新模板，遵循这些模板往往要求我们以健康为代价痛苦节食。不仅如此，随着女性主义的兴起，正如随着黑人权力（Black Power）的兴起一样，美也被重新界定了。我们彼此欣赏对方的美丽，因为我们是违抗者，因为在将自己从厌女社会的律令下解放出来的过程中，我们探索了新的存在方式，新的大笑、拥抱、梳发、跷腿的方式，新的相处和做爱的方式。[1]

---

① Silvia Federici, *Beyond the Periphery of the Skin*, PM Press, 2020, 56.

简言之，当年的主题是"我们"在摆脱现有模式的情况下对自己的重新界定。反之，如今的技术改造被怀疑为在有些时候把"我们"替换成了个别的"我"，把摆脱现有的模式替换成了迎合那些模式。这种怀疑的确是很经典的：马克思已经明白，一部分新的机器和管理方式有助于把工人分割开来，从而迫使单个的工人更加顺从。那么，对身体和性态的改造在哪些条件下、在多大程度上符合这种成问题的个人主义？费代里奇所给出的论述是不足的，但这或许是一个值得具体考察的方向。

即使在全部思想史中，一种既跨越了历史考证与当下问题，又跨越了经济计算与革命暴力的思想也并不多见。费代里奇的《对女性的恐惧》（包括作为附录的《以工资反对家务劳动》）和《超越身体边界》虽然不长，却已经涵盖了这四个维度。因此，它们也完全可以为读者在这四个维度中的进一步阅读和探索提供参考。

张　寅

2023 年 5 月

致　谢

　　《超越身体边界》的问世要归功于 2015 年加利福尼亚整合研究学院人类学与社会变革系的邀请，让我以身体为主题发表三次演讲，然后由 PM 出版社出版。这给了我机会，不仅得以重新思考对我工作至关重要的那些主题，而且将过去专门讨论这一主题的文章收录进同一本书中。因而，我首先要感谢人类学与社会变革系主任安德烈·格鲁巴契奇（Andrej Grubačić），以及 PM 出版社。

　　我还要感谢"自由家庭大学"的妇女创始人们，她们参加了 2019 年 6 月 11 日至 16 日在我的家乡意大利帕尔马举办的关于身体和社会再生产问题的研讨会，我与她们一起阅读和讨论了构成本书第一部分的文章。我特别感谢加亚·阿尔贝蒂（Gaia Alberti）、萨拉·阿姆斯勒（Sarah Amsler）、伊迪丝·本迪森特（Edith Bendicente）、卡拉·博蒂罗利·格雷尔（Carla Bottiroli Greil）、克莱尔·杜瓦永（Claire Doyon）、达里娅·菲拉尔多（Daria Filardo）、杰萨尔·卡帕蒂亚（Jesal Kapadia）、阿格拉娅·欧雷尼科娃（Aglaya Oleynikova）、亚历山德拉·波马里科（Alessandra Pomarico）、特雷萨·罗韦尔西（Teresa Roversi）、比格尼亚·桑塔·塞西莉亚（Begonia Santa Cecilia），以及我们研讨会慷慨的主办方帕尔马艺术研究室社会中心（the Art Lab Social Center）。

亦要感谢杰西·琼斯（Jesse Jones）、泰萨·吉卜林（Tessa Giblin）、瑞秋·安德森（Rachel Anderson）和茜丝·奥博伊尔（Cis O'Boyle），感谢她们的友谊、支持以及一起讨论身体政治和雕塑希拉纳吉（Sheelagh-na-gigs）的时间。谢谢你，杰西，你在《颤抖、颤抖》（2017）中强有力地为新的政治想象重铸了母性的身体。

特别感谢本书编辑卡米尔·巴尔巴加洛（Camille Barbagallo），以及之前发表过收录在这本书中的一些文章的出版物。

我还想感谢"女性暴力研究"（Feminist Research on Violence）对我工作所做的贡献，这个位于纽约的妇女组织与我共同致力于改变世界，并创建了以此为名的网站

（http://feministresearchonviolence.org）。感谢你们在我们的会面中分享的知识、情感和热情，它们支撑、激励了我的写作。

最后，感谢如下书籍和期刊的编辑，这里收录的一些文章首次发表在这些书籍和期刊上：

《与哲学和恐怖主义一起：将身体改造为劳动力》之前发表于 Athanasios Marvakis et al., eds., *Doing Psychology under New Conditions* (Concord, Ontario: Captus Press), 2—10。

《重访"太空中的摩门教徒"》是与乔治·卡芬奇斯（George Caffentzis）共同在 *Midnight Notes* 2, no.1, 1982: 3—12 发表的一篇文章的改写版。

《赞美舞动的身体》之前发表于 Gods and Radicals, eds., *A Beautiful Resistance* no.1, August 22, 2016: 83—86。

《论欢乐的战斗精神》编辑节选自一篇题为《感受到力量在增长》的访谈，后者之前发表于 Nick Montgomery and caria bergman, eds., *Joyful Militancy: Building Thriving Resistance in Toxic Times*, Chico, CA: AK Press, 2018。

导　论

　　撰写《超越身体边界》的初衷，是回应我 2015 年冬天在加利福尼亚整合研究学院的三次讲座所引发的问题，这些讲座讨论了身体和身体政治在 20 世纪 70 年代女性主义运动以及我自己的理论工作中的意义。讲座有多个意图：强调 70 年代的女性主义对身体理论的贡献——它被新一代的女性主义者大大低估了；同时也承认 70 年代的女性主义没有能力去构想能显著改变女性生活物质条件的策略；以及，呈现出我在《凯列班与女巫》中形成的理论框架，用于研究妇女在资本主义社会的历史中所遭受的剥削形式之根源。

　　从这个意义上说，这些讲座是对过去经验教训的重新思考。然而，讲座之后的讨论所提出的问题超出了原本的框架，它们说服我，有必要拓宽讲座和这本书的视野。本书的主要问题有四个。首先，考虑到"妇女"（women）[①]这一标签所覆盖的历史与经验的多样性，它对于女性主义政治来说仍是必要的范畴吗？或者，我们是否该像巴特勒和其他后结构主义理论家所建议的那样，抛弃它？更宽泛地说，我们是否该认为所有这样的政治身份都不可避免地具有虚构性，因而摒弃它们，并选择建立在纯粹对立基础上的统一体（unities）？我们该如何评判新的生育技术？它们承诺将以更符合我们欲望的方式重塑我们的生理构造，再造我们的身体，但它们是加强了我们对自己身体的掌控，还是把我们的身体变成了实验和牟利的对象，服务于资本主义市场和医疗行业？

　　除了第一部分，全书都围绕着这些问题展开。然而第一部分是为后文铺垫，因为我隐含其中的目的是要证明：对 70 年代的女性主义运动的评价必须首先基于它所采取的策略，而不是它的性别化的立场。由此，我所辩护的观点与那些"表演"理论家们的大相径庭，后者更倾向于批判

---

① 费代里奇在本书中主要将"woman"视为一种在反对劳动剥削的集体斗争（特别是和生育权有关的斗争）中形成的身份，与儿童有所区分，因而译者基本上选用"妇女"一词与之对译。在个别强调生物或社会意义上二态性别对立的地方则选用"女性"或"女人"。——译者注

的是 70 年代妇女解放运动所声称的身份政治，而不是它所采取的实际政治策略。

20 世纪 90 年代初，由于制度性的控制，妇女进入由男性主导的诸行业，由于经济结构调整需要更多性别流动（gender-fluid）的劳动力，女性主义经历重大危机——后结构主义理论于是发展起来，这些理论提出身体和性别是话语实践与表演的产物，它们无疑曾经很有吸引力，而且对许多人来说可能仍是如此。但我们应该明白，如果"妇女"不再被视为一个分析或政治范畴，那么"女性主义"亦当如此：因为很难想象如果没有一种遭受不公正和虐待的共同经历，会产生一场反抗运动。事实上，雇主和法庭迅速利用了女性主义对妇女之间不可化约的多样性的强调，比如：拒绝承认公司（如沃尔玛）女职工们在谴责性别歧视时的集体诉讼地位，并迫使她们单独提出控告。[①] 重要的是，我们是否真能设想，像怀孕、抚养子女、在社会中从属于男性这样的经历，可以构成**妇女的共同奋斗领域**，即使这一领域可以产生截然不同的策略？其他身份，如同性

---

① 2013 年，美国最高法院驳回了沃尔玛女职工们提起的集体诉讼，后者谴责沃尔玛在薪酬和工作条件方面存在歧视。最高法院认为，由于妇女的多样性，她们不构成一个集体（class），沃尔玛员工应该单独提出控告。

恋、跨性别者和酷儿，是否没那么容易受到阶层、种族、族源和年龄的分化？

在写下这些文字之前，我观看了来自布宜诺斯艾利斯和阿根廷其他地区街头令人震惊的画面，几年来，尽管她们之间存在多样性，还常常有分歧，但还是有成千上万名妇女涌向街头——为反对针对妇女的暴力、反对妇女负债、争取堕胎权而斗争，集体做决定，以求改变作为一名妇女的意义。如果不承认"妇女"是一个政治主体，是一个虽然明显有争议，但也不断被重新定义的身份（这些重新定义的方式对构想我们奋力创造的世界来说很重要），那这样的斗争会是什么？

这是我在本书第二部分提出的论点，我认为：全盘否认社会和政治认同的可能性将导向失败。这是对活着的人和死去的人之间的团结的否认，并完全是在想象没有历史的人。一个更清醒的认识是，每个一般性概念的构建中都存在巨大差异。如果我们认为多样性是一个妨碍因素，那我们也无法比谈论女性、男性和跨性别者更自信地去谈论爱情、教育和死亡。例如，我们知道古希腊、罗马的爱情与 20 世纪欧洲或美国的爱情，或多偶制语境中的爱情，有着天壤之别。这并不妨碍我们使用这个概念和许多其他类似构造的概念，否则我们就会陷入沉默。

第二部分还探讨了可以被视作新的身体改造运动（new body-remake movement）的现象，其中技术创新和医疗专业发挥了主要作用。对此，我更想强调问题的症结并警告潜在的危险，而不是指责所涉及的实践。从整形手术、代孕到性别重置，身体再造的方式不一而足。但在每个案例中，最为突出的是医学专家因承诺改变生活而获得的权力和声望。如此依赖于一种与资本和国家有着长期合作史的机构，这应当引起我们的关注。在这方面，历史应是我们的向导。

第三部分的文章所讨论的，是医学和心理学在组织和规训产业工人以及作为再生产工作者的妇女时所起到的作用。这一部分还回顾了始于里根时代，关于新技术环境和外星工作所需的劳动力类型的讨论。"太空中的摩门教徒"所代表的资本主义梦想——一个苦行工人，能够克服经历数百万年构造的身体的惯性，在诸如太空殖民地一类的场所工作，这在人工智能快速发展，亟须新技能并重塑主体性的今天，具有启发意义。目前，这种梦想的具体表达是在我们的大脑中安装微芯片，使那些买得起芯片的人能提高自己的能力，不用再带护照和钥匙。然而，已经有很多对于未来时代的幻想：被选中的个体会像纯粹智能一样运作，存储大量的记忆，以极快速度思考，如在半小时内读完一本书。同时，拆解和重组我们身体的实验也在加速进行中，它们指向这样一个世界：（已经在动物身上实行的）克隆、基因编辑和基因转移将成为医学或科学工具包的一部分，想必能让未来的资本主义世界不仅可以生产无生命的商品，还可以生产人类生命的新形式。

在这一语境中，想要收回我们的身体，收回我们决定自己肉体现实的能力，首先要肯定身体（按照我们所了解的样子）的力量和智慧，鉴于它是在漫长的时间里，在与形成中的地球的不断互动中形成的，如果遭受篡改，将极大地危及我们的福祉。作为本书结论的《赞美舞动的身体》，是我在观看了编舞家达里娅·法因（Daria Fain）创作的关于意识和语言之兴起的舞蹈后写下的，它称颂的正是这种今天资本主义想要摧毁的力量和智慧。我在这里构想的并不是巴赫金所说的庞大固埃式身体（Pantagruelian body）——如拉伯雷在 16 世纪法国所想象的。那是一个超越了皮肤边界而扩张的身体，但它的扩张是通过占有、吞咽世上所有可吃的东西，通过感官的放纵，通过从所有束缚中解放出来实现的。我构想的身体亦是扩张的，但性质不同。因为它在超越皮肤边界时所发现的，不是一个饕餮天堂，而是与居住在地球上的其他生命体的奇妙连续性：人类的身体、非人类的身体、树木、河流、海洋、星星。这是一个将资本主义所分割的东西重新统一起来的身体形象，一个不再像莱布尼茨的单子（没有窗户和门却与宇宙和谐运动）一般构造的身体形象。我所构想的身体栖居在这样的世界：多样性是所有人的财富，是共治（commoning）的基础，而不是分裂和对立的来源。

第一部分

1. 讲座一：
身体、资本主义与劳动力的再生产

　　毫无疑问，身体目前正处于政治话语、规训话语和科学话语的中心，每个领域都试图重新定义它的主要品质和可能性。在通往社会和个体变革的道路上，它是被质询和操作的斯芬克斯之谜。然而，几乎不可能按照知识分子和政治舞台上公认的理论阐明一种连贯的身体观。一方面，我们有十分极端的生物决定论，它假设 DNA 是隐藏的上帝（deus absconditus），在背后决定着我们的生理和心理生活。另一方面，一些（女性主义、跨性别）理论鼓动我们抛弃所有的"生物"因素，转而关注身体的表演性（performative）和文本性表征，并接纳我们与机器世界的日益同化，将之作为我们存在的组成部分。

　　从大体趋势来看，我们尚且缺乏一种角度来查明那些影响着身体的社会力量。生物学家们以一种近乎宗教的强迫症，将重要活动的领域限制在分子的微观世界中，而这些分子的构造宛若原罪一般神秘。在生物学家眼中，当我们来到这个世界时，未知的上帝便已在 DNA 中分配好：我们或者生来就患病，或者有可能得某种病，或者注定要得某种病，或者对一些病完全免疫。身体的话语或操演理论同样对产生有关身体和身体实践的观念的社会基础保持沉默。或许有人担心，寻找统一的原因可能会使我们看不到自己的身体用以表达身份及其同权力关系的多种方式。还存在一种由福柯所重振的趋势：仅调查作用于我们身体的权力的诸"效果"，而不探索它们的来源。然而，如果不重建我们的身体运动其中的力量场域，我们就仍然无法理解自己的身体，或将其运作形成神秘化。例如，如果一方面我们不了解"超越二元性别"在特定剥削制度中的经济、政治和社会效用，另一方面又不了解性别身份不断被转变的斗争，我们该如何构想这种超越呢？如果不承认特定形式的剥削和惩罚所产生的强迫行为，如何谈论我们在性别、种族和年龄方面的"表演"呢？

　　如果要制定变革的战略，我们就必须查明这个充满了对抗性政策和权力关系的世界，我们的身体由它们所构成，并重新思考为了反对"规范"而发起的斗争。

这正是我在《凯列班与女巫》（2004）中开展的工作。在那本书中，我研究了向资本主义过渡如何改变了"身体"①的概念和遭遇。我认为资本主义的主要规划之一是**将我们的身体改造为工作机器**。这意味着在资本主义社会中，通过创造不同形式的工作和强制来最大限度剥削活劳动（living labor）这一需求，是塑造我们身体最为关键的因素。我有意识地将这一方法与福柯的方法②相对立，后者将"现代"（modern era）伊始时身体所臣服的规训体制置于一种形而上学式的"权力"运作中，却没有指明这种权力的企图和目的。③

---

① 我将"身体"置于引号中，是为了表明该概念的虚构性质，它是从各种不同而独特的历史和现实中抽象出来的。

② 参见 Michel Foucault, *Discipline and Punish: The Birth of the Prison*, New York: Vintage Books, 1979。

③ 此处值得一提的是达里奥·梅洛西（Dario Melossi）在《监狱与工厂》（1981）（第44—45页）中对福柯"身体政治经济学"分析的批判。他写道：

这种资产阶级在学校、兵营、监狱和家庭中对身体的建构仍然完全不可理解……除非我们从劳动过程的资本主义管理（以及资本主义历史上的这一环节）这一角度出发。这便给这种建构自身设定了这样一项任务：把身体构造成作为一个整体的生产机器内部的机器。也就是说，我们必须明白，工作在其组织中并没有把身体看作是无关紧要的东西，它穿透身体进入肌肉、进入头脑，并与此同时重新组织生产过程，身体的劳动力构成了这一过程的基本部分。总之，在这个时代，机器是一项复合发明，其中包含一个死的、无机的、固着的元素和一个活的、有机的、可变的元素。（着重处出自原文）

与福柯相对，我还主张身体不止有一种历史，也就是说，存在着多种能够阐明身体之机器化的历史，这是因为资本主义从一开始就建立起来的种族、性和代际的等级制排除了所有可能的普遍性立场。因此，在讲述"身体"的历史时，必须把那些被奴役、被殖民，或成为有偿工人，或成为无偿家庭主妇的人的历史，以及孩子们的历史交织在一起，而且要记住，这些分类并不相互排斥，我们对"连锁统治制度"（interlocking systems of domination）的臣服总在产生新的现实。[①] 我还想补充一点：同样有必要从动物世界的角度来书写资本主义史，当然，还有土地、海洋和森林的角度。

　　我们需要从所有这些角度来看待"身体"，以把握资本主义对人类和"自然"发起的战争的深度，从而制定出能够结束这些破坏的战略。当我们说战争时，并不是要假定一种原初的自然整体性，也不是要提出一种理想化的自然观；而是为了强调我们目前所处的紧急状态，是为了在这

---

① 我自 bell hooks, *Yearning: Race, Gender, and Cultural Politics*, Boston: South End Press, 59 处取得"连锁统治制度"这一概念——它是交叉性理论的中心概念。另参见 bell hooks, *Talking Back: Thinking Feminism, Thinking Black*, Toronto: Boston: South End Press, 1989, 175。

个将身体改造视作一种社会赋权和自我决定的途径来推广
的时代，向我们从政策和技术中可能获得的好处发问，而
这些政策和技术从未受底层控制。在庆祝我们成为赛博格
之前，确有必要反省一下我们已经受的机器化进程的社会
后果。[1] 如果想象我们与机器的共生必然导致我们力量的
扩大，而忽视技术对我们生活的限制，忽视它日益被用作
社会控制手段，以及其生产带来的生态成本，那就太天
真了。[2]

资本主义之所以把我们的身体当成工作机器来，是因
为它是这样一种社会制度：最为系统化地将人类劳动变成
财富积累的本质，进而追求最大限度地对其加以剥削。它
通过不同的方式实现目的：强制实行的更严格和一致的劳
动形式，多种规训体制和机构，带来恐惧以及侮辱性的仪
式。比如，17 世纪荷兰济贫院的居民被下令用最落后、最
累人的方法磨碎木块，而这除了教他们服从外部命令，让

---

① 我在此参考了 Donna J. Haraway, "Cyborg Manifesto", in *Simians, Cyborgs, and Women: The Reinvention of Nature*, New York: Routledge, 1991。我认为该文在理论和政治方面都值得商榷。

② 关于技术在监狱和监视中的使用，参见 Ruha Benjamin, ed., *Captivating technology: Race, Carceral Technoscience, and Liberatory Imagination in Everyday Life*, Durham, NC: Duke University Press, 2019。

他们身躯的每一寸都感受到无能和臣服之外，没有任何实用目的。①

另一个例子是 20 世纪初，南非医生强加给那些被送去金矿工作的非洲人，用以摧毁他们抵抗意志的侮辱仪式。② 在"耐热测试"或"遴选程序"的幌子下，非洲工人被命令脱光衣服、排队列、铲石头，然后接受放射检查，或被用卷尺和秤测量。所有这些都是在体检医生的凝视下进行的，而受试者却往往看不见这些医生。③ 这项活动的目的据说是向未来的工人们彰显采矿业的权威，并让非洲人过上"完全剥夺了人类尊严"的生活。④

在同一时期的欧洲和美国，后来被运用于建设流水线的泰勒制⑤ 的时间和运动研究通过将任务碎片化和原子化，

---

① 参见 Dario Melossi and Massimo Pavarini, *The Prison and the Factory: Origin of the Penitentiary System*, Totowa, NJ: Barnes and Noble, 1981。

② Alexander Butchart, *The Anatomy of Power: European Constructions of the African Body*, London: Zed Books, 1998, 92—110.

③ Alexander Butchart, *The Anatomy of Power: European Constructions of the African Body*, London: Zed Books, 1998, 94, 97, 100.

④ Alexander Butchart, *The Anatomy of Power: European Constructions of the African Body*, London: Zed Books, 1998, 94.

⑤ 泰勒制指 20 世纪初由美国工程师泰勒（Frederick Winslow Taylor, 1856—1915）所创立的一种号称以科学为依据的管理理论。该理论从工作定额原理、刺激性付酬制度、计划职能与执行职能分离等方面阐述了怎样通过对时间的利用和对工人的劳动动作进行系统研究，来达到提高劳动生产率的目的。——译者注

剔除工作过程中的决策要素，以及最重要的，剥去工作本身全部的知识和动机要素，将工人身体的机器化变成一项科学工程。[1] 自动主义（automatism）也同样是无限重复的工作生活的产物，这是一种"无路可逃"（No Exit）[2] 的生活，比如说，在工厂或办公室朝九晚五，由于时间限制和可预见性，甚至连假期也会变得机器化和程序化。

福柯在这点上还是说对了："压抑假设"不足以解释资本主义中身体的历史。[3] 和那些被压抑的东西一样重要的，是身体被培养出来的"能力"（capacities）。在《经济学原理》（1890）中，英国经济学家阿尔弗雷德·马歇尔

---

[1] 该主题参见 Harry Braverman, *Labor and Monopoly Capital: The Degradation of Work in the Twentieth Century*, New York: Monthly Review, 1974。特别是第四章《科学管理》和第五章《工人与科技革命》。

[2] 这里参考了让-保罗·萨特1944年的戏剧，其中地狱被描述为一种自我监禁——当我们不能从过去的行为给我们的生活带来的束缚中解脱出来时，我们就被判监禁。

[3] 福柯"压抑假设"指的是历史学家倾向于仅从压抑的角度来描述资本主义对社会生活和规训的影响。与此相对，他认为，资本主义在对待性时最主要的发展在于，一种在性方面"真正的话语爆炸"，也即，通过将性转化话语，"法律对轻微倒错的制裁成倍增加"。参见 Michel Foucault, *A History of Sexuality*, Vol.1, *An Introduction*, New York: Penguin, 1978, 17, 36—37。虽然我认为福柯所强调的"话语转向"——通过这种转向，性被转化为一种非物质的善——富于智性却过于化约，但我认可他对社会规训乃至社会压抑的生产性特征的坚持。精神之力学似乎受到一种类似于能量守恒的法则的支配，在这种法则下，对特定行为形式的禁止并不产生真空，而是产生替代的、补偿的反应，将被压抑的欲望转化为"话语"便是其中一种。

（Alfred Marshall）赞扬资本主义规训带给产业劳动力的能力，并宣称那时候世界上很少有人能和欧洲工人一般能干。他称赞产业工人"普遍能"连续几个小时做同一件事，能记住一切，在做一件事的同时记住下一件该做什么事，能使用仪器工作而不致损坏，不浪费时间，还能在操作昂贵器械时保持小心谨慎，即使最单调的工作也可以做得稳稳当当。他认为这些都是世界上少有人能掌握的专属技能。在他眼里这意味着：那些即使看起来无需技能的工作，实际上都是高度技能化的。[①]

马歇尔不会告诉我们如此美妙的，像机器一样的工人是怎样被制造出来的。他没有说：人们不得不与土地分离，被杀鸡儆猴的酷刑和处决所恐吓。流浪汉被割去耳朵；妓女被施以"水刑"——与那些被中央情报局（CIA）和美军特种部队指控为"恐怖分子"的人所受的刑罚等同。人们把被怀疑有失当行为的妇女绑在椅子上扔进池塘和河里，直至其快要窒息；奴隶们被鞭打得皮开肉绽，被焚烧、肢解、在烈日下暴晒，直至尸体腐烂。

正如我在《凯列班与女巫》中所论证的那样，随着资

---

① Alfred Marshall, *Principles of Economics*, Philadelphia: Porcupine Press, (1890) 1990, 172.

本主义的发展，不仅共有的土地被"圈划"私有，人们的身体也遭受"圈禁"。但这一过程对女人和男人来说是不同的，就像对那些注定要被奴役的人和那些从事其他形式的强制劳动（包括有偿工作）的人来说是不同的。

妇女在资本主义发展中遭受了双重的机器化过程。除了在种植园、工厂和家庭中受到或有偿或无偿的工作的规训，她们还被剥夺了自己的身体，变成性客体和繁殖机器。

资本主义积累，（如马克思所承认的那样）是工人的积累。[1] 正是它推动了奴隶贸易、种植园制度发展，以及我所论证的在欧洲和"新大陆"（New World）发生的猎巫。[2] 通过迫害"女巫"，希望掌控自己生育能力的妇女被谴责为孩子们的敌人并遭受不同形式的妖魔化，且这些妖魔化一直持续到现在。例如，在19世纪，美国媒体给像维多利亚·伍德霍尔（Victoria Woodhull）这样的自由恋爱倡导者打上撒旦标签，将她们描绘成长着魔鬼翅膀的

---

[1] 参见 Karl Marx, *Capital*, Vol.1, London: Penguin, 1990, 764。"劳动力必须不断地作为价值增殖的手段并入资本……所以，劳动力的再生产实际上是资本本身再生产的一个因素。因此，资本的积累就是无产阶级的增加。"（中译参考《资本论》第一卷，北京：人民出版社，2004，708—709。——译者注）

[2] 参见 Silvia Federici, *Caliban and the Witch: Women, the Body and Primitive Accumulation*, Brooklyn: Autonomedia, 2004，特别是第四章。

人。^①而今天，由于最高法院的一项裁决，^②在美国的几个州去诊所堕胎的妇女不得不从一群大喊着"杀婴者"并追捕她们直到诊所门口的"生命权卫道士"（right-to-lifers）中突围。

在将妇女的身体化约为机器这一点上，没有什么比奴隶制更系统、更残忍、更规范化了。她们不断遭受性侵，眼睁睁看着自己的孩子被卖作奴隶，苦不堪言。在英国于1807年禁止奴隶贸易后，在美国被奴役的妇女被迫生孩子来助力以弗吉尼亚州为中心的奴隶育种产业的发展。^③"当兰开夏郡（Lancashire）的织机吞纳了南方地区能种出来

---

① W. Scott Poole, *Satan in America: The Devil We Know*, Rowman and Littlefield, 2009.

② 2014 年 6 月，最高法院一致否决了马萨诸塞州的一项法律，该法律禁止抗议者跨入生殖保健设施入口 35 英尺范围。这一决定的结果是，现在去诊所堕胎的妇女必须被护送，因为抗议者有权跟着她们到门口，这造成了极其紧张且具有威胁性的局面。

③ 参见 Ned Sublette and Constance Sublette, *The American Slave Coast: A History of the Breeding Industry*, Chicago: Lawrence Hill, 2016, 以及 Hilary McD. Beckles, *Natural Rebels: A Social History of Enslaved Black Women in Barbados*, New Brunswick, NJ: Rutgers University Press, 1989, 特别是第五章《育种娘（Breeding Wenches）和劳动供应政策》。在美国，奴隶育种产业中心是弗吉尼亚州，而在加勒比群岛则是巴巴多斯。巴巴多斯是"至 1807 年为止唯一一成功消除了对非洲奴隶进口的经济需求的糖业种植园殖民地，因为奴隶存量有了积极的自然增长"（91）。贝克莱斯补充说，到了 18 世纪，奴隶"育种""成为一项流行策略，且这个术语在有关劳动供应的管理学语言中变得很普遍"（92）。

的所有棉花时，"奈德·萨布莱特和康斯坦斯·萨布莱特（Ned and Constance Sublette）写道，"妇女的子宫就不仅是当地的财富源泉，还成了一个囊括了农业投入、奴隶业投入和金融扩张的全球系统中的供应商。"[1] 托马斯·杰斐逊就同意这么做：他不遗余力地让美国国会限制从非洲进口奴隶，是为了保护弗吉尼亚州种植园妇女所生出的奴隶后代的价格。他写道："我认为，每两年能生一个孩子的女人产出的利润比农场里最能干的男人还多。女人生产的东西是对资本的补充，而男人的劳动仅仅在消费环节便消失了。"[2]

　　尽管在美国历史上，除奴隶制的情况外，没有哪个妇女群体被直接强迫生孩子，但随着堕胎被定罪，非自愿生育和国家对女性身体的控制便已然机制化（institutionalized）了。避孕药的到来并没有决定性地改变这一状况。即使在堕胎已经合法化的国家，妇女想这么做还是会撞上许多门槛，路途坎坷。[3] 这是因为生育所创造的经济价值不可能随

---

[1] Ned Sublette and Constance Sublette, *The American Slave Coast: A History of the Breeding Industry*, Chicago: Lawrence Hill, 2016, 414.

[2] Ned Sublette and Constance Sublette, *The American Slave Coast: A History of the Breeding Industry*, Chicago: Lawrence Hill, 2016, 416.

[3] 多年来，美国若干州都出台了堕胎限制措施，缩短了允许堕胎的时期，并规定堕胎必须得到父母的同意。当前，一项主张完全禁止堕胎的运动正在发生。2019 年 5 月 14 日，亚拉巴马州参议院通过了全阶段禁止堕胎的法案，这便是其中一例。

着资本的技术能力提高而减少。我们不该错误地认为资产阶级对控制女性生育能力的兴趣会由于用机器代替人力而消退。尽管资本积累趋向于让工人显得累赘，制造"剩余人口"，但它仍然需要人类劳动。只有劳动能创造价值，机器做不到。正如丹娜（Danna）最近所指出的那样，技术性生产的增长只有在"第三世界"中存在社会不平等和对工人酷烈剥削的情况下才可能。[①]过去本来有偿的工作现在没了报酬，而工作本身没有消失。资本主义需要工人，也需要消费者和士兵。因此，实际人口规模仍是一个极重要的政治议题。这就是为什么要对堕胎加以限制——珍妮·布朗（Jenny Brown）在她2018年出版的《罢生》中给出了解释。对资产阶级来说，控制女性身体的需求到了如此重要的地步，以至于，正如我们所见，即使美国在20世纪70年代已经使堕胎合法化，今天依然有人试图推翻这一决定。在别的国家，比如说意大利承认医生有权利以"良心反对"（conscientious objectors）为由不予服务，这一漏洞导致许多妇女无法在她们的居住地堕胎。

然而，对女性身体的控制从来不只是数量问题。一直

---

① Daniela Danna, *II peso dei numeri: Teorie e dinamiche della popolazione*, Trieste: Asterios Editore, 2019, 208ff.

以来，国家和资本都试图规定谁有权生育而另一些人没有。这就是为什么，针对被认为会生出"肇事者"孩子的妇女，我们在限制堕胎权的同时给怀孕定罪（criminalization of pregnancy）。[①] 如下情况并非偶然：在20世纪70年代到90年代，随着新一代非洲人、印度人和其他非殖民化国家的人民成长到从政年龄，要求欧洲人归还从他们国家掠夺的财富，一场旨在遏制所谓"人口爆炸"现象的大型运动便在整个前殖民地世界展开，[②] 推广绝育和避孕药具，如醋酸甲羟孕酮注射液（Depo-Provera）、左炔诺孕酮埋植剂

[①] 这是全国孕妇权益倡导组织的创始人和执行董事林恩·帕尔特罗（Lynn Paltrow），以及珍妮·弗莱文（Jeanne Flavin）在2013年的一项研究中使用的术语，用来描述在美国推出的规制怀孕的政策，这些政策对贫困的黑人妇女影响特别大。参见 Lynn M. Paltrow, and Jeanne Flavin, "Arrests and Forced Interventions on Pregnant Women in the United States, 1973—2005: Implications for Women's Legal Status and Public Health", *Journal of Health Politics, Policy and Law* 38, no.2 (April), 2013, 299—343. 她们写道，这便是当前的法律状况，如果决定要孩子，贫穷的黑人妇女就让自己置身于宪法边界之外，更容易成为受指控者——同样的行为在别的情况下永远不会被认为是犯罪。例如，妇女要是在怀孕期间因车祸或使用合法药物而可能影响到胎儿，便会遭到逮捕和监禁。2003年南卡罗来纳州最高法院对一名妇女定了谋杀和虐待儿童罪，理由是该妇女可能因在怀孕期间吸毒导致死胎——该事件是给怀孕定罪这一过程的转折点。这一裁定之后，数十名妇女在怀孕期间使用非法药物而被指控虐待儿童，由于胎儿可在法律意义上由几个方面被定义为个人。关于该主题，也可参见女性主义的暴力研究平台网站 https://feministresearchonviolence.org。

[②] Betsy Hartmann, *Reproductive Rights and Wrongs: The Global Politics of Population Control*, Boston: South End Press, 1995, 189—191.

（Norplant）和宫内节育器（IUDs）：这些东西一旦被注入或植入身体，妇女便无法控制。[①] 跨国资本通过使前殖民地世界妇女绝育来扼杀世界范围内的赔偿斗争；恰似在美国，历届政府都试图通过对数百万年轻黑人男女施以大规模监禁（mass incarceration）来阻止黑人解放斗争。

同其他再生产形式一样，生育也有明显的阶级特征，且是种族化的。今天，世界上大多数妇女都不能决定是否生孩子以及生孩子的条件。多萝西·罗伯茨（Dorothy Roberts）在《戮杀黑身》（［1997］2017）中有力地表明，虽然白人有钱妇女的生育愿望现在被提升为无条件的权利，要不惜一切代价加以保证，但对于较难获得经济保障的黑人妇女来说，如果她们有一个孩子，就会受到排斥和惩罚。然而，这么多黑人、移民、无产阶级妇女在成为母亲的道路上遭遇的歧视，不应该被解读为资本主义不再对人口增长感兴趣的标志。正如我之前所说，资本主义不能离开工人。没有工人的工厂是一种意识形态骗局，目的是恐吓工

---

① 该主题同样参见 Betsy Hartmann, *Reproductive Rights and Wrongs: The Global Politics of Population Control*, Boston: South End Press, 1995，特别是第三章《避孕争议》。另参见 Matthew Connelly, *Fatal Mis-Conception: The Struggle to Control World Population*, Cambridge, MA: The Belknap Press of Harvard University Press, 2008。

人，令其屈服。如果生产过程中没了劳动这个环节，资本主义很可能会崩溃。人口扩张本身是为了刺激增长，因此，任何资本部门都无法对妇女的生育意愿漠不关心。

这一点在上文引用的《罢生》中得到了有力证明。珍妮·布朗在书中深入分析了生育与经济和社会生活各个方面的联系，并令人信服地表明，当今的政治家们都在关注世界范围内出生率的下降。她将这种下降解读为无声的罢工。布朗建议，妇女应当有意识地利用这种关注来争取更好的生活和工作条件。换句话说，她建议我们把繁殖能力作为夺取政治权力的工具。[1] 这是一个诱人的提议。人们很容易想象，妇女们公开罢生，并发表如下宣告："我们不会再为这个世界生儿育女，除非孩子们的生存条件发生彻底改变。"之所以说"公开"，是因为正如布朗所记录的那样，对生育的广泛拒绝已经发生了，只是这种拒绝还较为沉默。如果说出生率自二战以来在意大利和德国等国家曾一度攀高，那么现在世界范围内出生率的下降，便是这种再生产罢工的标志。美国的出生率也已经下降了一段时间。今天的女性之所以生更少的孩子，是因为这意味着更少的家务，

---

[1] 参见 Jenny Brown, *Birth Strike: The Hidden Fight over Women's Work*, Oakland: PM Press, 2018, 153，关于同一主题，参见第十一章《控制繁殖手段》(143—160)。

更少地依从于男人或工作，是因为她们拒绝看到自己的生活被母职所消耗，或者不愿让孩子重复的命运，还因为她们没有避孕和堕胎的途径，最后一点在美国尤为典型。①然而，很难想象如何组织一次公开的罢生。许多孩子的出生并不在计划之中，或是意外怀孕的产物。此外，在许多国家，生孩子对妇女而言是一种为自己的将来保险的策略。在没有社会保障或养老金制度的国家，妇女要想生存下去唯一的可能性就寄托在生孩子上，这是妇女获得土地或社会承认的唯一途径。孩子也可能是快乐的源泉，有些妇女往往除了这点欣慰外一无所有。因此，我们的任务不是对妇女说"你们不应该生孩子"，而是确保她们在是否生育方面有决定权，确保做母亲不会让我们付出生命的代价。

医生们之所以努力在子宫之外繁育生命，在对抗不孕症、给女性更多的选择之类的幌子下，生儿育女带给妇女的潜在社会权力似乎才是真实的理由。这种繁殖并非易事。尽管"试管婴儿"一直引起热议，"体外培育"（ectogenesis）

① Jenny Brown, *Birth Strike: The Hidden Fight over Women's Work*, Oakland: PM Press, 2018, 144. 布朗认为，难以节育和堕胎是迄今为止美国妇女的生育率仍较高的真正原因。她补充说，2011 年在美国出生的婴儿有 45% 是在计划之外的，也就是说，父母并不想要这个孩子，或还没准备好生孩子。

仍然是医学上的乌托邦。然而，体外受精（IVF）、基因筛选和其他生殖技术正在为人造子宫的诞生铺平道路。可能有一些女性主义者会支持这类发展。20 世纪 70 年代，像舒拉密斯·费尔斯通（Shulamith Firestone）这样的女性主义者欢欣期盼着妇女能从生育中解放出来的那一天，她认为是生育带来了压迫的历史。[①] 但这是一种危险的立场。如果说资本主义是一种不公正的、剥削性的社会制度，那我们便要担心：未来的资本主义规划者们或许能够生产出他们所需要的那种人类。我们不该低估这种危险。即使没有基因编辑，我们也已经是这样一种人类突变体——习得了诸如在意识到周围正发生灾难性事件的同时过自己小日子的能力。这些灾难性事件包括生态环境的毁坏，以及街头巷尾行人的衰老和死亡——我们每天与他们擦肩而过，却无动于衷。威胁我们的，不仅是机器正要接管我们的岗

---

① 参见 Shulamith Firestone, *The Dialectic of Sex: The Case for Feminist Revolution*, London: Woman's Press, 1970. 费尔斯通主张"用一切手段把妇女从繁殖生物学的暴政中解放出来"，然而，这是一个只有在解放后的社会才能实现的计划（206）。关于"女性主义对体外培育的思考"，参见 Julien S. Murphy, *The Constructed Body: AIDS, Reproductive Technology, and Ethics*, New York: SUNY Press, 1995。墨菲认为体外培育是对妇女生育权利构成最直接威胁，也最贬低妇女生育贡献的医学实践。她还提到一种忧虑：制造人造子宫可能导致"女性屠杀"（125）。

位，而且是我们正在变得像机器一样。因此，我们不需要再由新的育种产业——这次位于医学实验室——生产出更多类似机器人的个体。

我所属的这一代女性主义者们正努力表明：生儿育女并非宿命。但它也不是某种该按计划避免的事情，似乎它才是造成妇女悲惨和被剥削境地的罪魁祸首。生育能力不过是拥有子宫和乳房，而不是诅咒，不是一种医学界——他们曾让我们绝育，令我们宛若行尸走肉，在我们因分娩剧痛而哭泣时嘲笑我们——必须帮我们摆脱的诅咒。生育也不是一种性别表演行为。相反，它应该被理解为一种政治的、设定价值（value-positing）的决定。在一个自治的社会中，这样的决定将被纳入我们对集体福祉、现有资源和自然财富保护的考量。当前，虽然我们同样不能忽视这些考量，但我们必须将妇女自行决定是否生育视作一种拒绝：不让资本规划者来决定孰活、孰死、孰可出生。

2. 讲座二：
女性主义运动中的"身体政治"

　　在上篇论文中我提出：资本主义作为一种以剥削人类劳动为基础的制度，将妇女定义为身体——也即被她们的生理所支配的存在者，因为资本主义侵占我们的生育能力，并令其服务于劳动力和劳动市场的再生产。这并不是说，在资本主义的历史中妇女未曾受过其他形式的剥削。在美国的种植园里，被奴役的妇女于田间劳作，割甘蔗，摘棉花。在吉姆·克劳（Jim Crow）制度下，① 黑人妇女被链子拴在一起修建公路。在英国、法国和美国，工人阶级的妇女和儿童是工业革命的支柱；而即使被排除在工厂之外，他们也得将自己的兼职工作计入家庭预算中去。这一点在

———————————

① 指 19 世纪下半叶到 20 世纪上半叶在美国实行的种族隔离和种族歧视制度。

黑人妇女身上体现得尤为明显，因为男人们没有稳定的工资能让她们依赖。然而问题的关键在于，不管我们出于生计从事何种其他类型的劳动，**社会总是期望我们给男人生孩子，向他们提供性服务，而这种期望常常是强加给我们的**。虽然在法律上被剥夺了成为母亲的可能性，但身为奴隶的黑人妇女还要替主人养孩子，遭受主人性侵，乃至被迫给奴隶育种业生育子女，这一产业是在1806年废除奴隶贸易后专门发展起来。

妇女一直在与这种对身体的暴力侵占作斗争。被奴役的妇女用草药来避孕，甚至在孩子出生时便将其杀死，"以免"她们的后代继续被奴役。她们冒着失去生命和遭受酷刑的危险，抵抗主人的性侵。正如多萝西·罗伯茨所写的那样："她们逃离种植园，佯装生病，忍受着严厉的惩罚……人们回忆昔日的奴隶时普遍会想起……一个面对主人调戏没有乖乖就范而挨打的女人……毫无疑问，也有很多奴隶妇女为了报复主人的性骚扰，给他们下毒。"①

除了监禁，没有什么能与奴役的暴力相提并论。然而，当我们想到许多女性在发现违背自己意愿怀孕——这往往

① Dorothy Roberts, *Killing the Black Body: Race, Reproduction, and the Meaning of Liberty*, New York: Vintage Books, (1997) 2017, 45.

会让她们付出生命的代价——时所感受到的绝望，"奴役"这个词便会浮现在脑海之中。**女性在婚姻内外为了避孕、避免性生活所作的斗争，是地球上最常见却未被承认的事情之一。**直到 20 世纪 70 年代，女性主义者们才开始组织起来，大规模地公开打着"身体政治"的旗号，为控制我们的性行为和决定是否生育的权利而斗争。身体政治表达了这样一种认识，即我们最亲密的、被设想为"私人"的经历实际上是与民族国家密切相关的、高度政治性的问题，政府在历史上通过广泛的立法来监管它们就证明了这一点。身体政治同样承认，我们创造新生命的能力使我们遭受了远比男人们所遭受的更广泛、更具侵略性和侮辱性，也更难以抵抗的剥削。男性"在工作时"集体面对资本主义剥削，而女性则在与男性的关系中、在家庭中、在医院分娩时、在街上、在被谩骂和攻击时，孑然面对资本主义剥削。

女性主义是一场反对将我们定义成"身体"的运动，反对将如下想象设为我们唯一的价值：乐于自我牺牲和服务他人。这是一场针对如下假设的反抗：我们对生活的最好期望就是成为男人的家佣和性奴，就是为国家生产工人和士兵。通过争取堕胎的权利，反对我们中大多数人被野蛮地强迫生育，反对家庭内外的强奸，反对性客体化和阴道高潮的神话，我们逐渐揭示出自己的身体被资本主义劳动分工所塑形的方式。[①]

女性主义运动的政治活动主要集中在堕胎斗争上，而针对被预先设定的女性规范的反抗则更为深刻。不只是成为母亲的责任，连"女性气质"（femininity）的概念本身都遭受质疑和拒绝。**是女性主义运动使得女性气质不再理所应当。**早在朱迪思·巴特勒提出性别是一种"表演"之前，对"女人特质"（womanhood）的规范性建构的批判就开始了。对异性恋霸权（heteronormativity）的批判，对性别二元性和作为一个生物学概念的"女人特质"的批判，尤其是对"生物学即宿命"的拒绝，在《性别麻烦》（1990）和巴特勒随后的理论成果数年之前就出现了，同样也在酷儿、间性人和跨性别权利运动的发展之前。女性主义者不仅书写了"女人特质"的终结，她们还采取行动使之实现。1968 年 1 月 15 日，在华盛顿特区，国会开幕的第一天，舒拉密斯·费尔斯通领导着激进的女权主义者组织了一场极具象征意义的点燃火把的葬礼游行，并称之为

---

① 有关"身体政治"的意义和重要性，参见 Robin Morgan, *Sisterhood Is Powerful: An Anthology of Writings from the Women's Liberation Movement*, New York: Random House, 1970 和 Cherríe Moraga and Gloria Anzaldúa, eds., *This Bridge Called My Back*, New York: Kitchen Table: Women of Color Press, 1981。

"传统女人特质的葬礼"。传单上写着:"这一特质在支持了战争制造者的自尊和战争事业 3 000 年后走向结束。"[1] 她们还向婚礼秀(bridal fairs)抗议,谴责"美丽"的义务和强迫,把自己称作"女巫"。

女性主义者以性解放之名反对压抑的性。她们还"展开了一场自助运动,到 1975 年,在美国各地建立了 30 家由妇女管理的诊所,对妇女进行身体教育,并将健康作为国内外女性主义政治的核心议题。多亏了这场运动,成千上万的妇女开始实践'自我医学检查'"。[2] 通过这种方式,妇女解放运动帮助我们克服了一直以来对自己身体,特别是生殖器官的羞耻感,并教会我们去讨论一些议题,比如

---

[1] 有关凯茜·阿马特尼克(Kathie Amatniek)在活动上发表的演说,请参阅芝加哥妇女解放联盟的"传统女人特质之葬礼演说",网址是:https://www.cwluherstory.org/classic-feminist-writings-articles/funeral-oration-for-the-burial-of-traditional-womanhood。关于该事件的更完整的描述可以在杜克特别收藏图书馆妇女研究资源的"历史项目"中找到,参见:https://repository.duke.edu/dc/wlmpc。

[2] 这段话引用自助运动的主要创始人之一卡罗尔·唐纳(Carol Downer)于 2015 年 1 月 21 日发给我的信件,纠正我对女性主义运动中有关堕胎斗争的政治活动的批评。唐纳提醒我,在 20 世纪 70 年代,女性主义运动的议题并不单一。仅在 20 世纪 70 年代末,随着"推动堕胎合法化"(pro-choice)策略的发展,其视野才逐渐缩小,集中于维护堕胎权。关于该主题,亦可参见 Boston Women's Health Book Collective, *Our Bodies, Ourselves: A Book by and for Women*, New York: Simon and Schuster, 1976。

从前被认为是禁忌的月经和更年期。正是通过女性主义运动，战后一代的许多妇女接触到了"性教育"，并开始理解性在各个层次上的政治含义。我们与男人们的互动也被置于审查之下，他们的暴力、他们持续矮化和贬损我们的方式得以揭露——称呼我们为"宝贝"、"丫头"（chicks）、"婆娘"（broads），期待着每一次殷勤都能换来性回报，比如在约会时为我们的晚餐买单。

对安全避孕药具的要求和拒绝意外怀孕的可能性是我们向男人、国家和资本发出的独立宣言，几个世纪以来，国家和资本用惩罚性的律法和实践恐吓我们。然而，我们的斗争表明，如果不改变我们生活的物质条件，我们就无法收回我们的身体。争取堕胎斗争的局限性在于，它没有设法使所有妇女能够拥有她们想有的孩子。这是一个政治错误，因为在美国，许多妇女在奴隶制时期被法律剥夺了做母亲的权利，后来又因为缺乏资源和强制绝育而被剥夺了做母亲的权利。在20世纪20年代和30年代，美国数以千计的黑人妇女和男性被绝育，在此后的许多年里，这都是优生学运动的一部分，旨在防止"低能（feebleminded）种族"的繁衍，而这一范畴也包含了许多移民。

大萧条时期，工人阶级的白人妇女也被绝育，她们同样被认为是"低能的"，社会工作者和医生用这个范畴给被认为滥交和可能有婚外子女的妇女打上标签。[①] 在 20 世纪 30 年代，美国各地的官方部门都欢迎纳粹正在实施的优生计划。美国的政府官员将纳粹德国视为他们自己优生计划的标的，称赞绝育是通往更好社会的道路。关键在于，若非美国加入二战后纳粹主义变得名誉扫地，对这种计划的支持便会持续下去。[②] 但是，尽管政府对所有"劣等"（unfit）人进行绝育的计划于 1947 年对男人们来说正式结束了，对妇女的绝育却仍在继续。就在 20 世纪 60 年代甚至 70 年代，许多领取福利的妇女若希望继续领取福利金，便得被迫接受绝育手术。纪录片《无余孩》[③] 记录了数百名移民妇女的困境，她们于 20 世纪 60 年代和 70 年代初未经自身同意，在洛杉矶县的南加州大学医疗中心接受了绝育手术，许多人直到多年后发现自己无法再次怀孕时才意识到发生了什么。

---

① Meridel Le Sueur, *Women on the Breadlines*, Minneapolis: West End Press, 1984.

② Victoria F. Nourse, *In Reckless Hands. Skinner v. Oklahoma and the Near Triumph of American Eugenics*, New York: W.W. Norton, 2008, 127—133.

③ Renee Tajima-Pena, director and producer, *No Más Bebés/No More Babies*, San Francisco: ITVS; Los Angeles: Moon Canyon Films, 2015.

因而，女性主义运动没把争取堕胎权的斗争与改变妇女生活的物质条件的斗争联系起来，（比如说）没动员起来反对 60 年代末政府对"抚养未成年儿童家庭援助"（Aid to Families with Dependent Children）的政治攻击，这是一个错误，因为自 20 世纪 30 年代以来，该福利计划令没有工作和丈夫的妇女能从国家那里拿到自己的钱。女性主义运动在福利斗争中的缺席尤其成问题，因为在官方话语中福利总是与种族牵连，尽管获利名单上的大多数妇女是白人妇女。然而，黑人妇女却更为可见，因为她们从民权和黑人权力（Black Power）运动的遗产中汲取力量，更具战斗力和组织性。是黑人妇女领导了扩大福利计划所提供的资源和改变其公众形象的斗争。但是，她们所传递的"每个母亲都是劳动妇女"以及养育孩子是对社会的服务的信息，应是向所有妇女发出的。①

然而，福利母亲的斗争从未获得它所需要的支持，进而未能防止国家对福利计划和妇女本身发起的恶性进攻，

---

① 有关妇女在福利问题上的斗争和反对她们的制度与媒体活动，参见 Milwaukee County Welfare Rights Organization, *Welfare Mothers Speak Out: We Ain't Gonna Shuffle Anymore*, New York: Norton, 1972 和 Ellen Reese, *Backlash against Welfare Mothers*, Berkeley: University of California Press, 2005。

后者对黑人社群产生了灾难性的后果。因为如多萝西·罗伯茨所写，正是对福利的攻击创造了黑人单身母亲的形象，她们"寄生"在福利上，沉迷可卡因，制造着功能失调的家庭，这些都为大规模监禁政策提供了理由。[1]

女性主义运动不能为保证任何妇女不会因其生活物质条件而被剥夺生孩子的权利而斗争，女性主义者把堕胎说成"选择"，这在白人妇女和黑人妇女之间造成了分歧。我们不能再次上演这种分歧。这是许多有色人种妇女与女性主义保持距离并组织生育正义运动的原因之一，而该运动强调的正是将生育斗争与求取经济正义的斗争联系起来的必要性。[2]

我们在"#metoo 运动"中能看到类似的动态，因为再一次地，许多妇女没能认识到性暴力是一个结构性问题，而不是一个变态的男人滥用了权力。说它是一个结构性问题，意味着**我们大多数人所被迫生活其中的经济条件设定**

---

[1] Dorothy Roberts, *Killing the Black Body: Race, Reproduction, and the Meaning of Liberty*, New York: Vintage Books, (1997) 2017, 202—222.

[2] 如姐妹之歌网站（https://www.sistersong.net/reproduction-justice）所描绘的那样，生育正义运动诞生于 1994 年，当年在开罗举行的国际人口与发展会议正在筹备时，一群聚集在芝加哥的黑人妇女认为，妇女权利运动不能代表有色妇女和其他边缘人群的利益。

了妇女就得遭受性虐待。显然，如果妇女能挣得更高的工资，如果女服务员不依赖小费就能付房租，如果电影导演和制片人不能决定向他们求职的年轻女性的未来，如果我们能离开虐待性的关系或令我们遭遇性骚扰的工作——那我们才能看到变化。但这对大多数妇女而言并不现实。即使妇女在经济上并不依赖男人，仍可以说她们处于受虐环境之中，因为我们习惯于根据是否取悦了男人来评价自己。我们没有被培养成根据我们所做的事情和我们的成就来评价我们自己的人。这是长期条件反射过程的一部分，我们仍然受到它的控制。女性主义运动已成为转折点。它已经改变并重新评估成为一名妇女的意义。然而，这种评估尚未转化为经济安全。相反，随着我们扩张的自主权，我们愈发贫困，这就是为什么当前我们看到妇女们打两到三份工，甚至以代孕母亲的方式工作。

在这一语境下，一些女性主义者开展的禁止卖淫——作为一种独特的贬损人格和暴力的活动——运动，是在自取灭亡。把性工作单独拎出来作为特别有辱人格的活动，带来了对从事性工作的妇女的贬低和指责，同时也没提供任何关于妇女真正拥有的选择的线索。它掩盖了这样一个事实：在没有足够生存手段的情况下，妇女总是不得不出卖自己的身体，且这不仅仅发生在妓院和街头。我们在婚姻中出卖自己的身体。我们在工作中出卖自己——不管是为了保住工作，还是为了获得工作，为了获得晋升还是为了不被上司骚扰。我们在大学和其他文化机构——正如我们所看到的，电影业——中出卖自己。妇女还从事卖淫活动以支持她们的丈夫。多年来，在西弗吉尼亚州的煤矿区，存在着一个非正式的卖淫制度，妻子们用她们的身体为丈夫与公司之间发生的任何矛盾买单，以确保他们不会被解雇，在丈夫生病不能再挖煤时继续养活孩子，或者在家庭债务累积时维持在公司商店赊购的信用。在所有这些情况中，妻子会被邀请到商店楼上的一个房间，试穿在售鞋处展卖的鞋子，而房间里还设置了一张小床。年长的妇女总会警告新来的不要上楼，但需求就摆在那里，更胜一筹。①

我们同样该承认，有些赚钱的方式比卖淫更有辱人格。卖掉我们的大脑可能比卖掉我们的阴道更危险，更具侮辱

---

① 参见 Michael Kline and Carrie Kline, "Esau in the Coalfields: Owing Our Souls to the Company Store," and Michael Kline, "Behind the Coal Curtain: Efforts to Publish the Esau Story in West Virginia" and "The Rented Girl: A Closer Look at Women in the Coalfields," in Wess Harris, ed., *Written in Blood: Courage and Corruption in the Appalachian War of Extraction*, Oakland: PM Press, 2017, 5—25, 27—30, 38—45。

性。要求为卖淫定罪或对嫖客进行更严厉的惩罚，使我们社区中最脆弱的群体进一步受害，并使当地移民部门有理由驱逐移民。这并不是说我们不应该为改善性工作的条件而奋斗，更重要的是，我们要为建立一个我们不必出卖身体的社会而奋斗。在世界各地，性工作者都在为这些理想而奋斗。① 此外，随着妇女获得更多的社会权力，性工作体验和条件都在发生变化。性工作者并非只是男人们的掌中玩物，是男性施虐欲望的受害者，被皮条客控制，收入被他们掠夺。许多妇女用性工作挣来的钱支付孩子的学费，与其他妇女一起生活、相互照料，组成合作社，确立工作条件和价格，并相互提供安全和保护。性工作是一种为了支付教育或医疗费用凑齐资金的手段。对许多妇女来说，它是对家务劳动或带薪工作的补充兼职。通过互联网进行的互动式性行为，如"网络视讯"，可以插入家务活的间隙之中。当然，**我们都得成为废除主义者，但不仅仅是废除**

---

① 关于该主题，参见 Juno Mac and Molly Smith, *Revolting Prostitutes: The Fight for Sex Workers' Rights*, London: Verso, 2018。正如她们在开篇所写的那样："性工作者无处不在。我们是你的邻居。我们在街上和你擦身而过。我们的孩子和你上同一所学校……""这本书，"她们说，"与享受性工作无关。它不会说性工作是'赋权'……""我们对与买春的男人一起组织一场运动不感兴趣"，"我们关心的是性工作者的安全和生存"（2—3）。

性工作。**所有形式的剥削都应该被废除，不只是性工作。**
同样，作为女性主义者，我们的任务不是告诉其他妇女什
么形式的剥削是可以接受的，而要发展我们的可能性，这
样我们就不会在任何情况下被迫出卖自己。我们通过收回
我们的再生产手段——土地、水、商品和知识的生产，我
们做决策的权力，我们决定我们想要什么样的生活和我们
想要成为什么样的人的能力——来做到这一点。

在性别认同的问题上亦是如此。如果不努力改变我们
生存的经济和社会条件，我们就无法改变我们的社会身份。
社会身份既不是固定的、冻结的、一锤定音的本质，也不
是毫无根据的、无限流转的现实。它也并非纯粹由资本主
义制度强加给我们的规范所定义。社会身份，包括性别身
份，是由阶级、性别关系和我们所属社群的斗争所共同塑
造的。例如，作为一名"妇女"于我而言的意义，就与于
我母亲而言的非常不同，因为我们中的许多人都曾为改变
我们与婚姻、工作和男人的关系而奋斗。①

----

① 关于"身份"和身份政治的问题，参见 bell hooks, *Yearning: Race, Gender, and Cultural Politics*, Boston: South End Press, 1990, 15—32, "激进黑人主体性的政治"和"后现代后人性"。她写道："在否定存在黑人'本质'的观点和承认黑人身份是在流亡和斗争的经历中具体构成的观点之间存在着根本的区别。"

我们必须反对我们的社会身份完全由资本主义制度决定的观点。女性主义运动的历史在这一背景下堪称榜样。女性主义是一场长期的斗争，针对强加在我们身上的规范、规则和行为准则。随着时间的推移，这场斗争已经显著地改变了作为一名妇女的意义。正如我已经强调过的，女性主义者们是第一批去颠覆"女性气质"永恒、自然神话的人。妇女解放致力于为妇女创造一种更为开放和流动的身份，一种可以不断重新定义和重新构建的身份。跨性别运动延续了自20世纪70年代甚至更早以来一直在进行的过程。巴特勒推广的根本不是什么新鲜事。马克思主义和大多数20世纪的哲学，特别是对巴特勒有影响的存在主义，都抨击了固着主体和本质主体的观点。我们的身体是由阶级关系、种族因素以及我们在生活中做出的决定所共同塑造的。

因此，动摇我们被赋予的身份的斗争不能与改变我们所生活的社会和历史条件，尤其是破坏社会等级制和不平等的斗争分开。我希望跨性别和间性人运动从过去的教训和错误中学到一些东西，认识到我们不能为这样的目标作斗争：一种不改变我们如何工作，不改变我们所生产的财富如何被使用，不改变我们获取这些财富的途径的自我决定。上述这三个目标不可能仅通过改变我们的名字或身体外貌就得以实现。它们需要我们与他人联合起来，收回我们的集体力量，以决定我们想要怎样生活，我们需要什么样的健康和教育，我们想要创造什么样的社会。

同样有必要强调，我们已经生活在一个意义和定义不断变化、模糊和引发争议的过渡式世界。没有比"妇女"更模棱两可的了，一个处于多重攻击中心的身份，承载着彼此相冲突的规范性律令。当不平等的性别分工仍然存在，工作日益技术化，女性若想参加曾经男性化的职业，便被要求女性特征不发达，换句话说，得从女性身体中逃出来。这在女性审美的新模式中也很常见，强调男孩般的外表而非充满曲线的身体，后者直到 20 世纪 60 年代都是男性的心头好。[①] 在许多职业中，顺从"女性化"的性别模式已经等同于自我贬低，从学术界、艺术画廊到计算机实验室，资本主义需要无性别的劳动力。[②] 这不是一个普遍的规则。

---

① 对于女性美的新模式的有力分析，参见 Susan Bordo, *Unbearable Weight: Feminism, Western Culture and the Body*, Berkeley: University of California Press, 1993。

② 在《母亲主义》一书中，丹麦艺术家丽丝·哈勒·巴格森谈论了作为母亲的"出柜"，以及拒绝在一个母亲被视为不受欢迎者的艺术世界里，（正如她所说）"在门口被检查母亲身份"。参见 Lise Haller Baggesen, *Mothernism*, 2014, Chicago: Green Lantern Press, 142—143。

但可以肯定的是，那些在 20 世纪 50 年代还供不应求的推崇女性气质模式的工作领域正迅速消失。从工作的角度来看，我们已经生活在一个性别流动的世界，生活在其中的我们被期望同时成为女性和男性。当然，婚姻、生养和家务，这些曾经用来识别女性的实践已经不够了，即使从资本的角度看也是如此。社会期待我们独立、高效，并在家庭之外工作。我们越来越被期待变得像男人一样。

与此同时，妇女在社会和政治生活的几乎每一个方面现身，影响了大众对工作和制度性决策的想象。它使工作色情化，它制造了我们所做的是有用的、有建设性的幻觉。它使原本极具破坏性的政策显得人性化起来。当军队以妇女为领导人时，就连战争组织都显得更为和蔼可亲，就像目前在德国的情形一样。身为妇女，我们特别容易受到这种操纵，因为我们不习惯被欣赏，不习惯看到我们的工作被承认并得到回报。总之，作为社会和政治主体的工人和妇女的身份都在经历着重大的变化，我们在讨论"身份政治"时必须考虑到这一点。由政府和其他机构所掌握的"身份政治"是成问题的，因为它把我们分成不同的群体，每个群体都有一系列的权利——妇女权利、同性恋权利、土著民的权利、跨性别权利——却并不承认阻碍我们得到公正对待的真实原因。我们必须对任何不具有历史性和变革性意义的身份概念持批判的态度，它们没能让我们看到各种剥削形式的殊与同。相反，我们需要以不同的方式处理社会身份，后者根植于诸种特定形式的剥削，并被在我们的时代仍持续发生的斗争史所重塑，因为：只有将我们的身份追溯至剥削和斗争的历史，我们才能找到共同的根基，以集体的力量塑造一个更公平的未来愿景。

3. 讲座三：
今日再生产危机中的身体

改变我们的身体，重新获得我们对性和生育能力的控制权，就要改变我们生活的物质条件。这一原则在多大程度上指导了我们的个体和集体活动，从我们当前在美国正经历的危机中可窥一斑。尽管20世纪后半叶女性主义运动热火朝天，这些危机仍未渡过，它有数个方面——性、生育、生态、医学、认知，而所有这些都根植于经济和社会发展，后者大幅削减了可供我们支配的时间和资源，增强了我们对未来、对眼前所面临的暴力的焦虑。资本主义延长工时、降低工资、最大化积累无偿劳动的古老梦想，在今天的美国完美实现。事实上，马克思所描述的"资本积累的一般规律"[1]——

---

[1] 参见 Karl Marx, *Capital. vol.1*, London: Penguin, 1990, pt.7, chap.25。

工人的相对贫困，剩余或可支配人口的不断创造，大多数就业岗位的去技能化，在大量失业者存在的同时受雇者过度工作，而这些失业者只起到"迫使那些受雇者提供更多劳动力"的作用[1]——是支配经济和社会生活的一般趋势，随之而来的问题便是大规模的贫困、无家可归、不平等以及制度性暴力的加剧。

确实，对大多数人，特别是妇女来说今天的生活接近于霍布斯对自然国家的描述：肮脏、残暴、短暂。富裕的美国人现在可以活到 90 多岁，可我们其他人的预期寿命正在下降，自杀和吸毒过量致死的人数也创下了历史新高。[2]所有阶层的自杀人数（包括女性）都在增加。2017 年，美国记录了超过 4.7 万起自杀。而且我们永远不会知道，在老年人中有多少人一辈子与贫穷和孤立作战，已经了无生趣而让自己死去却未被记录在案。再加上成千上万的人死于吸毒过量、枪支暴力、警察杀戮和未得到救治的疾病，

---

[1] Karl Marx, *Capital*, Vol.1, London: Penguin, 1990, 793.

[2] 据《独立报》谢哈布·汗（Shehab Khan）于 2018 年 11 月 29 日的报道，"美国自杀率创下多年来新高，导致预期寿命下降"。因服药过量而死亡的人数也在攀升，2017 年该数字超过了 7 万。根据美国疾病控制与预防中心的数据，在 1999 年至 2017 年期间，美国有多达 70 万人死于涉及阿片类药物的药物过量。每天平均有 130 人死于服药过量。

这些问题构成了我们在政治工作中不能忽视的令人担忧的局面。

在此背景下，我想强调这场危机中与重新思考女性主义议程特别相关的那些方面。首先是：过度工作、债务、缺乏安全感、持续高压和倦怠的生活，总是想着下一项任务，这些造成了健康问题，抑郁，以及我们已经看到的自杀人数的增加。

联合国和自由女性主义组织对妇女在迈向解放方面已取得的所谓重大进展表示恭贺、庆祝，而与之形成对比的是，今天大多数妇女人口的状况仍不容乐观。毫无疑问，今天相比过去，家庭和男人对我们的束缚已少了许多。传统家庭不再是标准：结婚率处于历史最低水平，如今大多数妇女都有一份甚至两份工作——即使她们还带着年幼的孩子。但我们正在为这些已取得的相对自主权付出高昂的代价。工作场所没有任何改变。正如我们所知，大多数工作都假定员工不需要承担家庭责任，或有人在替他们家料理家务。百分之四十的妇女是她们家庭的唯一供养者，其余妇女的伴侣也有工作，但与此同时，家务活不会因为我们外出工作而消失。这些家务活就得晚上做、周末做、用休息或参加其他活动的时间来做。这意味着对许多妇女来说每周平均工作高达 60 到 90 个小时，好像生活在工业革命的高潮时期，从早上 6 点开始，到晚上 9 点结束。大量报告称，她们几乎没有自己的时间，生活在精神崩溃的边缘，经常忧心忡忡，感到匆忙、焦虑或内疚，特别是没有足够的时间陪孩子，还有些妇女因为压力造成了诸如抑郁的健康问题。即使到了这样的地步，大多数妇女不得不减少她们的家务量，她们就得面对一些基础事务无人看顾的局面，因为没有任何能替她们完成这些工作的服务。与此同时，可以解决这些问题的项目还在被削减。

人们希望这些家庭方面的危机可以由妇女从就业中获得的满足感来弥补。但对于大多数妇女来说，外出工作意味着被禁锢在折磨身心的岗位上——那种整天站着的岗位，在商店、机场和超市独自等待着客人，卖一些自己的工资买不了的商品，或者在盒子一样的、没有窗户的办公室里和电脑屏幕绑在一块儿。这意味着额外支出孩子的日托费，交通费，意味着不得不以快餐度日。鉴于杀虫剂和转基因产品的推广，以及我们周围包括儿童在内的肥胖人群的增长，我们应该对此保持警惕。此外，许多工作不提供带薪病假或产假，而日托费平均每年得花上一万美元。

这并不是说我们不应该外出工作，而是说我们得认识到，"选择"和对我们身体的控制不能只通过减少我们的孩子数量，或获得不生孩子和为薪资打拼的权利来实现。而是说我们得构筑起权力，迫使国家交出我们的家庭和社群所需要的资源，以至于我们不必从事两份工作，不必将所有的时间都花在为钱发愁上，不必因为养不起孩子而把他们交给代孕或领养机构。"走出家门"和"争取平等"是不够的。我们必须重新分配资源，减少工作，重新掌控我们的生活，为比我们家庭更为广阔的世界的福祉担起责任。

　　除了经济上的贫困之外还有这样一种贫困：生活在这样一个无论我们走到哪里都能看到死亡迹象的世界之中。鸟儿离开了我们的天空，河流成了化学废料池，我们没有时间留给爱、友谊和学习。资本主义让我们看不到生活之美妙。在某次会议上，我遇到一名以导乐（doula）①为业的妇女。②这是一种源自生育公正运动的实践。它包含了如下观念：曾遭医学界虐待的妇女不应独自前往医院分娩，而应由导乐工作者陪同。这是向重建妇女社群迈出的一步，每当有婴儿出生，这一社群便在场。有人曾问她："什么最

---

① 导乐（doula）：指受过训练为产妇提供心理支持的陪护人员。
② 关于在妇女分娩中倡导的导乐角色，参见 Alana Apfel, *Birth Work as Care Work: Stories from Activist Birth Communities*, Oakland: PM Press, 2016。

美妙？"她回答道："去看看妇女分娩吧！没有什么比那更美妙的了：母亲的节奏与孩子的节奏协调共振，简直太美妙了。"但今天，我们在流水线上生孩子。正如梅格·福克斯在一篇讨论分娩的主观和客观时间的文章中所描述的那样，在今天，"分娩（labor）的时间被计算"。[①]分娩已经成了"纯粹的生产"。一切以效率为重，就像在动作时间研究（time-motion study）中一样。出生是没有感觉的。孩子们从没有知觉的身体里被牵拉出来。生孩子被还原成了一个机械过程。

大自然同样是美妙的。今天的棕色土壤，在明天便开出五颜六色的花朵。这些相互分别的颜色和花朵形状如何由同一种土壤制造出来，目前还没有科学解释。世界因其创造力和自我运转而显得美妙。诸般美妙就在我们身边，但我们却认不出来。我们已经失去了与之联系的能力。人与人之间的吸引力亦是美妙的。文艺复兴学者曾谈及"天体和谐"。他们相信宇宙是由一种多情的力量维系聚合的——其作用类似于引力。他们相信"吸引力"

---

① Meg Fox, "Unreliable Allies: Subjective and Objective Time in Childbirth", in *Taking Our Time: Feminist Perspectives on Temporality*, edited by Frieda Johles Forman with Caoran Sowton, Oxford: Pergamon Press, 1989, 125—129.

（attraction）使一切事物各安其位，而人与人之间的吸引力和星与星之间的吸引力同等地存在。这种认为宇宙是有生命的，万物相互联系的观点给了我们斗争的动力。它是犬儒观点的解毒剂，后者认为努力改变世界毫无价值，因为"一切都太迟了"，"事情已经过去了"；认为我们不应该太过接近他人，因为我们不能相信别人，而应该先考虑自己。

恢复我们与他人、与自然的关系的努力并未消失。妇女，特别是那些来自土著社群的妇女，正在打造城市花园、种子库。她们把自己的胎盘埋在土里，以提醒她们的孩子他们与土壤的联系。同样的事情也发生在美国：在城市的背景下，花园和时间银行以及其他形式的"共治"——曾经仅限于激进团体——正在蔓延。我们逐渐意识到，当我们失去与土地的联系时，我们失去的远远不止一些经济资源。美国的土著们向来知道，失去土地，我们就失去了自己的知识、历史和文化。正如马克思所认识到的，自然是我们的无机的身体，是我们自身的延伸。[1]因此地球的死亡便是我们的死亡。当森林被砍伐，当海洋被污染，成千上万的鲸鱼搁浅，我们也会死去。因此，现在有许多妇女组

---

[1] Karl Marx, *Economic and Philosophical Manuscripts of 1844*, translated by Martin Milligan, Buffalo: Prometheus Books, 1988, 75—76.

织正努力恢复那些有关草药和植物的古老智慧。

人们也逐渐意识到，几乎所有的工业部门中动物都在遭受着野蛮的奴役。动物也被扭转成机器。全国各地的畜舍如今都与工厂——或者更准确地说，动物集中营——没什么两样：照明昼夜不息，这样鸡就能生更多的蛋。母猪也是同样的待遇。数百万的动物饲养出来就是为了食用。人们不把它们看作生命，而只把它们当成生产肉类的机器。它们之中有些被改造得在赶进屠宰场之前都不曾站起来过，因为它们的腿无力承受它们身上肉的重量。[1] 这么多人罹患癌症也不足为怪了。我们生活在一个有毒的地球上，以一些从出生起就受到可怕折磨的动物为食，而我们再把它们的痛苦所产生的全部毒素吞入自己的身体。

正如我已提到的，我们正逐渐对那种以满足我们欲望的名义对数百万生命施加的纳粹式残忍产生反感。动物解放运动的兴起为革命政治做出了重要贡献，同样，世界各地的许多年轻人正以成为素食者或严格素食者的方式发起

---

[1] 参见 Sunaura Taylor, *Beasts of Burden: Animal and Disability Liberation*, New York: New Press, 2017。该书强烈而深刻地谴责了工业化农场对动物的残酷待遇。在这些农场里，成千上万的动物被养大，然后被带到屠宰场。该书在揭露食品工业建基于一个活生生的地狱之上的同时，表明了动物的退化"促成了对人类的难以言说的暴力"（107）。

无声革命。他们中的一些可能是出于对自身福祉的关心，而许多人则是出于对那些为了满足我们肉食欲望而造成的痛苦的反感。

任重而道远。尽管有如此多的社会运动、社会斗争和人权纪念活动，我们仍未能解决美国社会赖以建立的主要危机，数个世纪的奴隶制和种族灭绝，其后果犹如血海一般，影响和扭曲了在这片大陆上人们所做的一切。我们要如何设想这样一种女性主义运动——它不仅反对种族主义，而且反对产生种族主义的制度，将其视为不可容忍的社会犯罪而列为首要议题？

各式各样的种族主义在美国和欧洲的白人社会中是如此的根深蒂固，以至于将其消灭需要漫长的革命过程。然而，女性主义运动可以动员人们起来反对那些支持种族歧视和各种新形式奴役的政策和制度。这些歧视和奴役不止针对黑人，还针对拉丁裔和移民社群。我们同样需要一场为废除死刑、监禁制度和渗透到我们生活各个方面的军国主义而斗争的运动。女性主义的目标还必须囊括解放成千上万在美国被监禁的妇女——美国女性囚犯的比例在所有国家中都是最高的，她们大多数因"为了生存的犯罪"而被关押，比如卖淫或伪造支票，以及对低收入妇女和黑人妇女而言，她们怀孕越来越被视为犯罪。

我们需要一场女性主义运动，动员起来声援我们的孩子，他们的生命同样每天受到威胁。现在，人们对学校和幼儿园里各个年龄段的孩子们遭遇的无目的枪击（senseless shootings）事件感到担忧，尽管这还不足以改变有关枪支管制的政策。此外，几十年来神父在教堂和圣器室实施的侵犯也开始受到关注。但是，女性主义者还没有将人们动员起来反对国家机构对儿童施加的日常暴力，而这些暴力往往又打着保护儿童不受父母和家庭伤害的幌子。

如果我们拒绝别人对我们施暴，那么拒绝别人对我们的孩子施暴更是理所应当。我们需要重视自己的孩子，把他们看作同伴，而不是次等的存在。作为成年人，我们能立刻分辨出虚假和矫饰，但孩子们还没有获取这些知识，即这些塑造了我们与他人关系的挫败与习俗。只有经过多年的条件反射训练，我们才习得城府和伪装。因此，我们可以从孩子身上学到很多东西。

杜绝一切形式的针对儿童的暴力乃当务之急：在美国，儿童处于紧急状态，学校正变成监狱，门口设了金属探测器和警卫。他们的课程表中剔除了创造性课程，至少在公立学校是这样。在家里，属于孩子们自己的时间越来越少了。因此，要是他们表现出不高兴、叛逆，也不足为奇。然而这种叛逆却被描述为精神疾病，并用医学方式处理。这比认识到孩子们不满的真实原因更容易，也更有利可图。如果美国政府不把万亿美元拿去整修核系统，而是把这些钱花在确保我们的学校激发孩子们的创造力方面，这才真叫一场革命。这是一个有益的女性主义项目，也完全是一项合情合理的女性主义诉求！

第二部分

4. 论身体、性别与表演

能否将性别看作"表演"的产物？该假设在美国的女性主义者之间很流行，且这种流行很好解释。将诸如"女性"的性别范畴描述为表演的产物，意味着拒绝几个世纪以来通过诉诸女性本质之迷思强加在我们身上的限制和规则。与西蒙娜·德·波伏娃的说法——"一个人并非生来就是女人，而是成为一个女人"[①]——相呼应，表演理论似乎与20世纪70年代的女性主义者坚持"女性特质"是社会建构的看法相一致。但是，仍有必要揭示一些差异，这些差异指向了"表演"这一概念的理论限度。无论我们是否认为"女性特质"的规范性定义是"父权制"的产物，抑或植根于资本主义对女性劳动的剥削，我们对"女性特

[①] Simone de Beauvoir, *The Second Sex*, New York: Vintage Books, 1989, 267.

质"的批判终须探询并说出妇女受压迫的根源，寻找改变我们的生活和整个社会的政治策略。识别、命名、分析那些社会希望我们遵守的"规范"的来源，对于展示"性别建构"的复杂性也很重要。务必要表明：我们接受以制度化方式规定下来的规则和规约的方式，绝不仅仅是像"表演"所暗示的那样，化"规范"为行动（acting out）。大多数情况下则是一种不由自主的屈服，伴随着内心的不公正感和反抗欲——我们发现，"妇女"一词对我们来说有着极其重要的意义。

表演是个有用的概念，但它的应用范围是有限的、局部的。这个概念暗示着对法律的被动服从，将规范付诸行动，以行动表示同意。从这一点出发，在社会中自我认同为女性几乎不可避免地成了一种自作自受的伤害。它忽视了性别是长期规训的结果。性别不是简单地通过强加"规范"，而是通过对工作的组织安排、劳动分工、差异化劳动力市场的建立，以及对家庭、性和家务劳动的组织安排来维持的。在这些语境中，那通常被叫作"表演"的东西更应该被定义为胁迫和剥削。当我们从事护士、性工作者、服务员、母亲或有偿护工等工作时，我们并非在"表演"性别。把我们在这些职业中生产女性特质的方式描述为表演，这将大大简化我们对实际动态过程的理解，掩盖这些过程所涉及的经济强迫，还掩盖了如下事实：在顺从的外表下，我们一直在形成反抗和拒绝的实践，以求摧毁那些人们预期以表演的方式巩固下来的东西。这并不是说我们在从事这些工作的过程中，会对其无比认同，乃至于我们的全部人格都被它们重塑。套用让-保罗·萨特在分析"自欺"（bad faith）时的论点，是公众要求这些劳动者通过这些特殊的工作形式来展演女性特质。事实上，人们采取了许多预防措施来将一个女人禁锢在"她本该如此"的形貌中，"就好像我们永远生活在如下恐惧中，怕［她］逃跑，怕［她］挣脱，怕［她］突然不服从于现状"。①

　　然而我们确实在挣脱。如果"表演"概念是我们的主要准则，那么妇女解放运动的兴起将是不可理解的，因为

---

① 参见 Jean-Paul Sartre, *Being and Nothingness: A Phenomenological Essay on Ontology*, New York: Pocket Books, 1956, 102. 以咖啡店的服务员、杂货店老板或商人为例，萨特强调他们的表现是游戏或礼仪，尽管是非常严肃的那种，因为公众要求他们实现这一点。因此，"有一种杂货店老板、裁缝、拍卖师的舞蹈，通过这种舞蹈，他们努力说服他们的客户，他们正是一个杂货店老板、裁缝、拍卖师……确实有很多预防措施来禁锢一个人于其所是中，就好像我们永恒生活在对下列情况的恐惧中：他会从这种禁锢中逃离，他会突然从他的境况中挣脱、逃跑"（102）。对于萨特来说，当我们忘记我们并非"我们不得不成为的那个人"时，"自欺"就开始发挥作用了。事实上他关心的是：我们能认识到自身的本体论能力，凭借这种能力我们能超越自身被迫履行的身份。

表演暗示着被动接受和再生产那些规范性的标准。妇女解放运动在美国最具压迫性的几十年历史结束后兴起，而从性别构形（formation）和规训的角度来看，如果我们忽略了在顺从的表象下始终在酝酿的反叛，且忽略了一个同样重要的事实，即这些反叛不是对性别本身的拒绝，而是对特定的、带贬低性质的女性身份定义的拒绝——尽管体制千方百计地想保留这种定义，但妇女运动要将其废除——那么这些运动的性质终将成谜。

因此，我想强调两点。第一，表演让我们能以去自然化的方式（denaturalize）看待"女性特质"。它扩大了我们对性别身份和价值的社会建构性的认知，但它却不允许我们承认，若想在社会或性别中引发变革，我们不仅需要改变我们个体和集体对性别的看法，还需要改变性别关系赖以维系的制度——适当其冲的便是性别分工和社会通过贬低再生产工作建立起来的等级制。第二，表演使社会行动的内容变得扁平，它设想我们唯一的选择是同意或不同意，因此低估了在许多同意行为中酝酿的反叛——我们对制度阳奉阴违，暗地里搞各种各样的破坏活动，而在特定的历史条件下，这些活动可以转变为强力的运动。

这些考虑可以直接影响另外两个在当今激进政治中同

样扮演着重要角色的议题。第一个是"身份"和"身份政治"的问题。该议题困扰女性主义者多年，引起一片批评之声，而这些批评本可以更恰当地针对其他目标。与"表演"一样，在"身份"的概念之下，我们生活在其中的资本主义制度的结构性要素被隐藏了起来，而削弱这些要素的无休止的斗争过程也被隐藏了起来。

诚然，诸如"黑人权力"、"黑人解放"、"黑即是美"（black is beautiful）中的"黑人"是一种身份，但它所代表的是一段剥削和斗争的历史。"黑人"当然不是护照上的身份，不是户籍处用的身份，也不是那种把我们冻住、钉在墙上的身份；不是约翰·洛克在他的著作中谈到的作为人格之构成要素的身份／同一性（identity）——他指出，人格假定了自我的相同，而这是惩罚之所以可能的基础；**而是一种集体的、通过斗争过程来接纳的身份。**[①] 这就是说，社会身份不只是具有领导权的制度用以囚禁我们的牢笼。社会身份并非我们不能撕毁、颠倒、丢弃的外衣。要是认为社会身份是被单方面构建的，忽视我们改变社会身份的能力，以及把用来诋毁我们的标签变成骄傲的徽章的能力，那便

---

① John Locke, *An Essay Concerning Human Understanding*, Vol.1, New York: Dover, (1689) 1959, 458—459.

是认为失败不可避免，便是认为权力只在主人手里。

同样的情况也适用于作为一种社会身份的"妇女"。

如果"妇女"不是一个生物学概念，如果它是社会建构出来的，那就应当要问：它代表了什么？在它被建构出来的过程中，谁是行动者？谁有权力定义"妇女"的含义？我们还要问：规范性的意义如何被妇女发起的斗争所挑战？

生来有子宫和生育能力便注定要过一种从属生活？对于我们这些不接受这种观点的人来说，另一种选择是在过去和现在人类劳动剥削的历史中寻找答案。因此对我们来说，"妇女"首先定义了资本主义劳动分工中的一个特定的位置、一种特定的功能，但同时也定义了一声战斗的号角，因为反对前种定义的斗争也改变了它的内容。

换句话说，"妇女"不是一个静态的、单义的词，它同时具有不同的，甚至是相冲突的且总是在变化的含义。它不仅是一种表演或制度性规范的一次具身体现，还是一个角逐的领域，不断被争夺和重新定义。

最后，表演理论产生了这样一种观点：我们的生理构造与我们的社会经验几乎没有关联。我们透过文化的滤镜来看待生物学，而"生物学"本身又直接受到社会文化因素的影响，这是一个不容置疑的事实。而我们常常从这个事实推断出我们最好不要把身体的物质构成当作谈论的主体。我在这里并不针对朱迪斯·巴特勒所阐述的表演理论，至少不针对她晚期作品中的阐述，而是针对女性主义者之间流传的通俗版本。在这里，我也希望先澄清可能存在的误解。我同意唐娜·哈拉维"生物学即政治"的观点，尽管我给这句话赋予了不同的含义。我之所以相信生物学是政治，是因为它是被如此持续地和负面地用来对付我们，以至于几乎不可能以一种中立的方式来谈论"生物学"，所谓的中立只会强化现有的偏见。它是政治，还因为针对我们身体结构的构成和发展的最重要因素所做出的决定都是在制度性的背景（大学、医学实验室等）中实现的，这种背景超出了我们的控制，由经济和政治利益所推动；更因为我们知道，尽管我们的身体是长期进化过程的产物，它们还受到一系列政策的影响，这些政策甚至在 DNA 的层面上不断地改变着身体。换句话说，"身体"和"自然"都是历史性的存在；它们不是文化意义附着其上的天然基岩。

　　环境和营养政策对在我们身体上发生的许多突变负有责任，比如我们完全可能现在正经历一些突变，因为我们越来越多地暴露在辐射之中。事实上，不存在一种原初未受损害的、亘古不变的自然透过我们的身体和行为说话。

与此同时，如果仅仅因为我们身体的一些关键方面被社会、历史和文化实践所"玷污"，就认为讨论这些方面不具有什么社会意义，那亦是荒谬的。我们只有透过社会价值、利益和政治考量的屏障才能理解这个被我们不恰当地称呼为自然、生物学和身体的世界，"自然"和"生理学"是历史性的存在，这些事实并不意味着我们必须把自然、生物学、生理学、身体等事物排除到我们的话语之外，也不意味着我们所能谈论的一切都纯粹是文化产生——因而我们有能力创造和摧毁——的现实。

无论我们是否能在未来的某个时候将死亡从人的境况中抹去，就像树会一直活到其形体崩溃那天，死亡目前仍是我们不可回避的同伴，是我们生命中一个重要的事实，无论在我们的文化中如何体会和与之共处。生育和做母亲也是如此，它们一度被剥去了强制属性和虚伪的赞颂，但对世界上很大一部分人口（特别是妇女）来说仍是能决定生命的事件。而我必须要补充，我非常能理解许多女性不情愿面对这个处处诡雷的话题。但要是因为害怕会增强"胎儿生存权卫道士"的权力或强化对女性气质概念的自然化，就对做母亲保持沉默，进而悬置这一事实，实际上恰恰是在阻止这些经验的创造力得到恢复。

吊诡之处在于，在我们身体结构的体验中，差异之相关性的证据来自跨性别运动，而他们中很大一部分人坚定地支持性别身份的建构主义观点，因为许多人为了重置成不同的性别经历了昂贵而危险的手术和医疗。

一旦我们决定不再忽视身体的物质或生理学方面，我们还可以借此挑战主流的对性别持还原论的观点，并认识到"自然"所提供的广泛可能性。在此基础上，间性人运动已经表明，间性不仅仅是一种文学形象或罕见现象，因为相当多的儿童出生时性征不明。[1] 这意味着，我们已经开始承认第三性别或更多种性别。原先被坚持二态性相（sexual dimorphism）的医生所迅速而残酷地纠正的产房中的秘密，现在正变得充分可见，这在不同的社会和文化中已经实现了。然而对这件事来说，阻止医生的手术刀校正间性人的身体只能算开了个头，因为克服作为规训工具和剥削手段的性别，需要重新分配我们对生活和生育的控制权。这意味着超越身体，即使正如拉丁美洲妇女一直坚持认为的那样，身体仍然是我们与世界接触的首要场所和我们的首要保卫对象。

---

[1] 关于这一主题，参见如下经典作品：Anne Fausto-Sterling, *Sexing the Body: Gender Politics and the Construction of Sexuality*, Boston: Basic Books, 2000。

5. 改造我们的身体，改造世界？

  关于"改造我们的身体"的想法，已经是老生常谈了，我们想要挣脱身体束缚的欲望亦然，比如说获得类似飞行能力的动物本领。事实上，纵观历史，人类一直在通过面部印记、颅骨修饰、肌肉塑型和文身来改造自己和他人的身体。这么做是为了群体认同，为了展示个人或集体的权力，为了美化自己。[①]身体也是诸种权力制度书写律令的文本。作为人类和非人类世界交汇之处，身体一直是我们最强大的自我表达手段，也最容易受到虐待。因此我们的身体是我们经受过的苦与乐，以及我们昔日斗争的凭证。在这些证据中可以读出压迫和反抗的历史。

  然而在历史上改变我们身体的可能性从未像今天这般

---

① 关于这个主题，参见 Ted Polhemus, *The Body Reader: Social Aspects of the Human Body*, New York: Pantheon, 1978。

接近实现，并成为如此这般强烈愿望的对象。清晨在公园跑步，或路过夜间的健身房，会让人觉得这是在搞群众运动，激发出了过去只有在政治会议上才能见到的激情。每天早晨人们扎堆挤进公园，成群结队地跑、成双成对地跑或各跑各的，还有骑自行车和散步的；与此同时，健身房引人瞩目地展示着金属器材和健身中的身体，为改变城市景观做出贡献——如今这些身体越来越多地为文身所覆，有时遍布全身，就像换上了新皮似的。而这只是身体改造中低科技的部分。在高科技层面，我们正进入新时代的感觉更加明显。由于新的生殖技术，女性可以延长她们的生育期，在绝经后生孩子，或者将生育"她们的孩子"的任务委托给其他女性。通过基因编辑（仍处在实验阶段），医生承诺在孩子出生时消除他身上所有的疾病倾向。随着微芯片的植入，一个属于超级男人和超级女人的世界正在出现，他们挥手就能解锁汽车，进入房屋，并将一些重要数据编码进自己的身体里。今天的外科医生有了昔日神话里才有的本事，[1] 做着性别重置手术；而更大胆的科学家们则

---

[1] 此处我指的是柏拉图《会饮篇》中的传说，它描述了阿波罗将不敬神的原始生物一分为二，然后像现代外科医生一样，转动他们的生殖器官，处处都缝起来，然后将人类塑造成我们所知的样子，不完整的，缺少切去的部分，永远在寻找另一半。

幻想有一天，改造甚至可以抛掉身体、超越它、丢弃它，将我们的心灵重新安置到不易损坏的电子回路中去。[①] 与此同时，整形美容手术更是处于历史最高水平，尤其为女性所青睐。数以百万的鼻子、嘴唇、乳房，甚至阴唇都被重塑，额头上因衰老而出现的皱纹被抚平，而这一切正愈演愈烈。[②]

身体改造现在这么火爆说明了什么？

我们对身体所持观念的变化透露了什么信息？这种现象表现了怎样的"身体政治"？

---

① 参见 Finn Bowring, *Science, Seeds, and Cyborgs: Biotechnology and the Appropriation of Life*, London: Verso, 2003. 特别是第 11 章《赛博格革命》。

② 与 20 世纪 90 年代相比，今天的面部整容手术要普遍得多，且不仅仅是作为一种抗衰老的疗法。基娅拉·唐丽（Chiara Townley）在 2019 年 3 月 17 日的《医学新闻》（*Medical News*）中写道："新数据显示，整容手术正在兴起。"尽管大多数做整容手术的都是女性，但做整容手术的男性数量也被认为"相当可观"。参见 https://www.medicalnewstoday.com/articles/324693.php。同样参见 Brandon Baker, "Is Facial Plastic Surgery Still Popular?," *Philly Voice*, July 12, 2018, https://www.phillyvoice.com/plastic-surgery-still-popular-beauty-facelift/。根据美国整形外科医生协会（American Society of Plastic Surgeons），对塑形的需求正在上升。2018 年，仅在美国就有 1 750 万人接受了微创整形和美容手术，总费用计 165 亿美元。"新的统计数据显示出了整形手术的状况"，March 1, 2018, https://www.plasticsurgery.org/news/press-releases/new-statistics-reveal-the-shape-of-plastic-surgery。

显然，身体改造满足了许多人的需求和欲望。在这个世界上，我们无时无刻不在面临着竞争，不断经历着贬值，身体改造因而是为自己稳固价值的重要手段。"改造"我们的身体同样是如下背景中必须做的事情：我们越来越无法指望家庭和医疗系统来解决我们的身体危机。注意到疾病所带来的社会和货币成本，以及不再有人随时为我们待命——家长、爱人、朋友都在以超负荷的方式，生活在能力极限下——我们节食、慢跑、骑自行车、聚集在健身场馆、冥想。我们被告知，如果我们生病了，这是我们自己的责任。医生不会问我们是否住在化学垃圾场附近，或者是否有经济问题，而是问我们喝了多少酒、抽了多少烟、跑了多少英里。社会压力也是一个因素。尽管劳动合同上没有规定，但保持健康和漂亮的外表如今是一项默认的职位需求，也是我们在面试或约会时的优势。

　　然而需求只是当前改造热潮的一个方面。欲望是那个更为紧要的方面。

　　尽管整容手术、药物疗法和其他身体改造形式既困难又昂贵，但对那些有能力负担这些手术的人来说，相比等待一个外貌不再重要的平等社会成长起来，它们可能提供了更有希望的产品服务。另一方面，身体改造的有关政策在很多方面是成问题的。除了医疗投机和医疗事故，更令人担忧的危险因素是身体改造仍然是针对个人的产品，这导致社会分层和排斥的过程的加剧，因为"照料身体"需要更多的金钱、时间以及服务和资源的渠道，而大多数人负担不起，特别是涉及手术的情况。一幅刺眼的景象已然上演：虽然一些人的身体正变得更健康、更完美，可另一方面，因超重、疾病和营养不良而几乎无法行动的人数也在增加。**不同人的身体和世界正背道而驰。**

这时我们需要一种新的"身体政治"，帮助我们设计如何将对我们身体的管理和改造纳入更广泛的社会解放进程中，以至于我们求取生存的策略不会赋权给那些将我们许多人杀死的社会力量，也不会促成一种以其价格和内容使我们彼此疏离的"幸福"。

对妇女来说还存在一种危险因素，即接受某种在 20 世纪 70 年代曾被我们拒绝的审美规训。在女性主义运动中，我们拒绝被划分美丑，拒绝遵循强加给我们的美的最新模板——遵循这些模板往往要求我们以健康为代价痛苦节食。[①]不仅如此，随着女性主义的兴起，正如随着黑人权力

---

① 关于这一主题参见如下杰出作品：Susan Bordo, *Unbearable Weight: Feminism, Western Culture and the Body*, Berkeley: University of California Press, 1993。

的兴起一样，美也被重新界定了。我们彼此欣赏对方的美丽，因为我们是违抗者，因为在将自己从厌女社会的律令下解放出来的过程中，我们探索着以新的存在方式，新的大笑、拥抱、梳发、跷腿的方式，新的相处和做爱的方式。

尽管医学界今天为许多人带来了重生的希望，我们对它同样抱有一种明智的不信任。[①]可能因为现在很多医生都是女性，所以我们不再那么恐惧作为国家机构的医学。随着生物技术的发展，今天的医生甚至以仁慈魔法师的形象出现，他们不仅掌握着我们幸福的钥匙，还掌握着革新我们生命的变形术。然而，虽然我们有许多充满善意、体贴关怀的医生，但作为机构，医学始终为权力和市场服务，我们最好不要忘记它的历史，它是资本不断用以尝试刷新我们的人性、瓦解我们对剥削的抵抗的工具。事实上，从其规训功能的角度可以写出一部完整的医学史。从为优生学服务而实施的大规模绝育计划，到脑叶切断术、电击疗法和精神药物的发明，医学的历史持续表现出社会控制的

---

① 最近重读芭芭拉·埃伦赖希（Barbara Ehrenreich）和迪尔德丽·英格利希（Deirdre English）的作品《巫师、助产士和护士》（2010），让我重新体会到这种不信任的强度和力量。这本书有力地说明了医学界崛起的各个历史阶段中，压制女性的治疗实践，迫害作为女巫的治疗师，流放助产士，成为社会对女性的束缚工具。

意愿，并决心整治我们不听话的身体，以使我们更加温驯和多产。

例如，医生不仅向间性人群、女同性恋者和男同性恋者发起进攻，被进攻的还有不愿受家务规训的妇女。在20世纪50年代，各个年龄段的黑人和被归类为弱智的儿童都接受了骇人听闻的实验：毫无戒心的成年黑人和儿童甚至被反复静脉注射了放射性物质。[①] 值得注意的是，主持这类实验的医生中没有一个受到谴责，也没有一个因为其行为遭到惩罚，而在纽伦堡的纳粹科学家却因类似的罪行被判处死刑。正相反，有些人通过这些项目成就了辉煌的事业。[②]

即使在最好的情况下，医学和医疗实践也充满了陷阱，相比起我们的实际福祉，更多地向保险公司、筹资渠道和职业规划的需求负责，其承诺的产品往往与我们的利益相悖。看看当前正在上演的恐怖运动吧！他们组织起来

---

① 关于这一主题，参见 James H. Jones, *Bad Blood: The Tuskegee Syphilis Experiment*, New York: Free Press, 1993; A. M. Hornblum, Judith L. Newman, and Gregory J. Dober, *Against Their Will: The Secret History of Medical Experimentation on Children in Cold War America*, New York: St. Martin's Press, 2013; Eileen Welsome, "The Plutonium Experiment", *Albuquerque Tribune*, November 15—17,1993。

② Allen M Hornblum et al, *Against Their Will: The Secret History of Medical Experimentation on Children in Cold War America*, New York: St. Martin's Press, 2013,155, 176.

威胁说我们的 DNA 里含有缺陷基因，[①] 随时准备向我们发动袭击并将我们送进坟墓。这场运动是如此骇人听闻，以至于妇女们已经被说服接受预防性的根治性乳房切除术（radical mastectomies）。这是一种创伤性手术，相比让那些据说她们身上携带的缺陷基因得到进化，更有可能造成一些危及健康的未知后果。与此同时，我们的水、食物和空气受到越来越多的污染；我们感到压力，乃至崩溃，面对着过量的工作，缺乏对未来的希望，我们生存的不稳定程度（precarization）正急剧上升。前几代人从未经历过的过敏症已经达到了流行病的规模——医学界无人谴责所有这些大家心知肚明的致病原因，也没有人强硬地站出来组织并要求改变。医生采取不负责任的方式照管我们的身体，而妇女尤其受其影响。想一想有多少人因为医生批准的用于再造乳房的硅胶植入物而患上癌症，还有像醋酸甲羟孕酮注射液、左炔诺孕酮埋植剂这些正肆无忌惮传播着的避孕药具，它们都极大地危害了妇女的健康。这些药物

---

① 2019 年 8 月，美国国家癌症研究所（National Cancer Institute）再次发布指导方针，敦促有乳腺癌病史的女性进行 BRCA 测试，以评估她们患乳腺癌和卵巢癌的风险水平。然而许多证据表明，乳腺癌最有可能是由环境因素引起的，比如——首先就得提及——我们摄入的食物和水中存在的高剂量农药。

与其说是妇女自我决定的手段，毋宁说是社会控制的工具。想一想非必要剖腹产数量的激增。而这些只是冰山一角罢了。

资本的笛卡尔主义之梦

此外，正如芬恩·鲍林（Finn Bowring）在他的著作《科学、种子和赛博格》（2003）中所阐述的那样，我们正迈入一个新的阶段："非物质"（immaterial）人类的创生将克服由历经数十亿年构造起来的有限生物学框架（finite biological frame）造成的障碍。概言之，社会现在正公开将创生摆脱肉身的（disembodied）人类宣传为一种理想。正如鲍林等人指出的那样，这项新的冒险事业不是在真空中发生的。自20世纪80年代以来，身体的机械观——身体是诸去中心化机械的拼接物，可以根据我们的意志和欲望进行重新编排——就在哲学、社会学，乃至女权主义理论中流传。生物可以被重新安排或改造的观念产生自对自然／文化二分法的必要排斥，并且影响了我们对用身体进行医学实验的后果的理解。因此，如果鲍林的分析是正确的，那么已然用于创造动植物新品种的克隆、基因编辑和转基因等技术，之后都将加入人类改造的议程中。[1]科学研究的一个主旨是想办法把我们从生物性本身对我们行动和理解的限制中解放出来，例如，用电子义体来增强大脑的本领，使我们能够更快地思考和阅读，储存更多的记忆，并越来越少地依赖我们身体结构的自然条件，如对食物和睡眠的定期需求。

毫无疑问，只有部分人有资格进行这样的升级。对生产的全球性组织标志着：资本积累仍然需要热乎的身体来开发，其中也包括儿童的身体，尽管从资本所梦想赛博格世界的视角来看，这些身体可能落伍了。但是，随着资本主义规划者（包括一些左派人士）将太空视为新的生产前线，随着编程后的机器生产速度超过了我们使用它们的能力，用技术替代品修改或替换我们旧的、有限的身体正成为一种迫切的需要。总而言之，弗兰肯斯坦博士的梦想又摆在了我们眼前，不仅是以人形机器人的形式，还以被技术增强过的人类的形式。当芯片植入我们身体时，这一新人种便已就绪。

---

[1] 关于通过转移或注射不同物种的动物 DNA 来创造具有新特征的动物，参见 Finn Bowring, *Science, Seeds, and Cyborgs: Biotechnology and the Appropriation of Life*, London: Verso, 2003, 117—122。

改造我们的身体还是改造医学?

无论预期变化的幅度和速度如何，我们可以肯定的是，医生将是这一过程中的主角，因此我们必须注意到，看似指向其他目标的医学研究可能会促成我们肉身现实构造的自我诱导式进化飞跃（self-induced evolutionary leap），而这种飞跃可能不是由我们改善自身福祉的愿望所激励的。针对黑人乃至儿童的残酷实验在冷战期间及其后达到了顶峰，优生学的历史和这些事实都表明，在美国，医学有一段黑暗的历史，而我们应该谨慎对待医学允诺我们的礼物和它从我们的许可之中获得的权力。

因此，我们必须避免让医学界如神明般缔造我们的身体，而必须要引导我们的激进行动，设法使我们能对与医学的接触进行一些控制。这样的例子有很多。19世纪中期，美国兴起了一场大众健康运动。该运动怀疑官方医学以精英化和不民主的方式运作，并鼓励人们发展自己的医学知识。[①] 在20世纪70年代，芝加哥和美国其他地区的女

① 关于大众健康运动及其与女性主义运动的关系的更进一步讨论，参见 Barbara Ehrenreich and Deirdre English, *Witches, Midwives and Nurses: A History*（转下页）

性主义者成立地下诊所帮人堕胎——以防堕胎继续被视为非法的。随后，在 20 世纪 80 年代，"行动起来"艾滋病联盟（ACT UP, AIDS Coalition to Unleash Power）针对里根政府对艾滋病危机的不重视，创建了一个由医生、研究人员、护理人员以及寻求新疗法的同性恋活动家组成的非凡网络，以跨国之势向制药公司施压，要求降低救命药品的价格。这一过程向世人展示出他们关怀同性恋兄弟的能力与决心。女性主义自助运动和"行动起来"运动都对官方医学产生了强大的影响，重新树立了关怀工作的榜样。随着用于改造我们身体的各种医疗技术的不断发展，理解它们会对我们的健康产生什么影响，它们能带来什么好处，我们在多大程度上真正需要它们，或者我们是否被用作实验对象，就成了迫在眉睫的问题。可如今这样的倡议寥寥无几。"行动起来"的经验没有被复制。持续发展的黑人妇女健康项目网络则是例外，围绕着关怀身体的动员大多是

（接上页）*of Women Healers*, New York: The Feminist Press at CUNY, 2010, 69—74。埃伦赖希和英格利希写道，妇女是这场运动的"中坚力量"，她们的实践更强调预防性关怀而不是治疗，以及医学知识的民主化。因此，"女性生理学社团"（Ladies Physiological Societies）"如雨后春笋般涌现"，在"解剖和个人卫生"方面指导妇女，假定每个人都应该是自己的医生（69）。同样参见 Paul Starr, *The Social Transformation of American Medicine*, New York: Basic Books, 1982。

由她们组织起来的，比如许多为治疗癌症、乳腺癌等而举办的游行和马拉松。他们动员我们向各种机构提供资金，却未能普及在预防疾病方面我们所能做的事情的知识。

总而言之，在我们与自己身体之创造与毁灭的关系中——无论是治疗疾病、美容整形，还是其他对我们身体结构的改造——我们都依赖于以商业和政府原则为指导的机制。然而，亦存在这样的可能性：与邻里和城镇中的其他人分享医学知识、关切和恐惧，与在机构内工作的有意愿的护士和医生建立联系。这样的可能性应该发展起来，这样我们就可以建立一种集体理解，知道我们身体所经受的诸改造中包含着什么，还可以建立一种集体权力来获得我们需要的医疗服务。当然，参与能深度影响我们生活的决策，并捍卫这种决策不受商业考量或人类实验的影响，给我们生活带来的变化将比任何身体改造能带给我们的都更为深刻。

6. 代孕母亲：生命的礼物抑或被否认的母亲身份？

自 20 世纪 70 年代以来，指控资本主义将妇女的身体变成生产劳动力的机器，一直是女性主义文学的中心主题。然而，代孕母亲的出现是这一转化过程的转折点，因为它将妊娠表征为纯粹的机械过程和异化劳动。在妊娠过程中，被雇佣的妇女不得有任何情感带入（emotional involvement）。从人类生活商品化的角度看，代孕同样构成转折，因为它组织并合法化了儿童市场，将儿童定义为一种可以转让、购买和出售的财产。事实上，这就是"代孕母亲"的本质。该业务自美国兴起，当前已风靡数个国家，却仍然被笼罩在一团云雾之中，遭到神秘化。

正如意大利女性主义社会学家丹妮拉·丹娜（Daniela Danna）在其著作《契约儿童》（2015）中指出的那样，"代孕"这个概念本身就具有欺骗性，因为它暗示"分娩的母亲"不是真正的母亲，只是"一个助手，一个帮手"，她只是替"真正的母亲"做事——后者是卵子的提供者，再由代孕者将它转化为孩子。新的生育技术——体外受精（IVF）和胚胎移植——为这一术语的正当性提供了辩护。这些技术造成错觉，让人以为：由于妊娠母亲与孩子没有遗传上的关系，被植入卵子的所有者便拥有对孩子的产权。正如丹娜评论的那样，这是一个错误的论点，只能通过抽象的财产概念来维持，而忽略了"产母"是从物质上创造和滋养孩子的人，这个过程不仅需要九个月的劳动，还需要遗传物质的转移，一如孩子真是从她的骨肉中造出来的。[1]

　　正是由于这种神秘化，以及由保险公司、医生和律师组成的配套商业和制度性机构的发展，代孕业务才能在过去 30 年间大大扩张。目前，每年有成千上万的儿童以这种方式出生。在某些国家，"婴儿农场"已经开张，"代孕母亲们"在那里接受人工授精，整个怀孕期间都住在那里。例如，印度在 2015 年禁止跨国代孕之前有 3 000 家这样的

①　Daniela Danna, *Contract Children: Questioning Surrogacy*, Stuttgart: Ibidem-Verlag, 2015, 68.

诊所，^①为育种产业提供了基础设施（infrastructure），在该产业中，妇女的身体几乎已经完全被构造成生育机器。

然而问题依旧存在。欧洲共同体的大多数国家仍在官方层面禁止代孕，或对其加以限制和监管。例如在荷兰，代孕母亲可以在分娩几周内决定是否要与孩子分离。但正如丹娜等人所指出的，限制法规正日益削弱，而监管非但没能限制代孕，反而成了该业务获得法律承认的最快途径。

一些原则被用来克服有争议案例中现有的禁令，或用来让从国外代孕得来的孩子更容易被法律承认，其中之一是法官应根据"孩子的最大利益"来制定决策。然而，这是一种规避法律的便宜手段，还合法化了代孕业务中暗含的阶级主义和种族主义，毕竟在孩子分配这件事情中，有钱白人伴侣能带来的好处总是更具优势。

人们还主张"合同"的强制性，迫使代孕母亲在交货期按时交出孩子。代孕确实可以作为一个杰出的例子来说明法律如何在维护新自由主义改革中发挥了关键作用：因为当合同被赋予神圣地位时，合同的订立条件却极少被纳入考量。然而，正如著名的"M 婴儿"案例所表明的那

---

① Kalindi Vora, "After the Housewife," in *Radical Philosophy* 2.04, 2019, 42—46.

样，^①妇女们在签订合同时很难预料，未来九个月当一个新生命在她们的子宫里日渐成长时，自己会有什么感受。而且，合同条款中没有考虑到与孩子分离带来的影响。与此同时，合同本身也变得越发复杂，条条框框越来越多。它们不仅要求代孕母亲在分娩后放弃孩子，而且还要求严格控制她在怀孕期间的日常起居，包括医疗、性行为、食物摄入等。在构建代孕合法化论据的过程中一个相当重要的环节是：我们正在法理中构建**为人父母之权利**的实存，而代孕是这项权利不可或缺的条件。这一论点已经为男同性恋伴侣所用（令人惊讶的是，甚至在激进圈子里也出现这种情况），他们据说必须雇佣代孕母亲来实现他们所谓的做父亲的绝对权利。

总的来说，种种凶兆表明代孕是未来的潮流。但当代孕变成常态的时候，我们必须强调它所基于的阶级主义和种族主义前提，以及它对代孕出生的孩子和妇女带来的毁灭性后果。其中一个令人担忧的后果便是存在大量的"弃

---

① "M 婴儿"是法院和媒体给新泽西州代孕母亲玛丽·贝思·怀特黑德（Mary Beth Whitehead）的孩子取的名字。1986 年 3 月 27 日，她在生下一个女婴后，决定不把孩子交给委托人伴侣。随后诉讼持续了一年多，最终以这对伴侣获得孩子的抚养权而告终。在美国没有一个州对该做法有任何规定的情况下，诉讼引发了激烈的辩论。

置儿童"（suspended children），他们由于种种原因在"预期"父母所居国家得不到法律认证，或生来残疾，因而同时被代孕母亲和委托人伴侣拒绝。路透社的一份调查报告还发现，至少在美国，养父母通过互联网可以毫不费力地"解决掉"在国外收养的儿童。他们采用一种被称为"私人转养"（private rehoming）的做法，而这完全不受监管。[①]更令人担忧的是，有证据表明，一些代孕儿童被输送到器官市场，因为一旦代孕交易结束，没有监督机构来核查以这种方式销售的儿童会遭遇怎样的命运：在大多数情况下，这些孩子会被送到其他地区，离他们的出生地成千上万英里。

我们还需要考虑新生儿与"产母"分离时遭受的创伤。虽然自代孕母亲出现以来，还没有足够的时间来形成足够体量的病案分析，然而我们知道：母亲和孩子在出生前就已经认识对方；在受孕后三个月，胎儿就能认出母亲的声音；他是她身体如此重要的一部分，以致其甫一出生就知

---

① 路透社的一项报告（Twohey 2013）总结几个月的调查发现，在雅虎的一个群中，平均每周都有一则新的儿童"转养"广告发布，而转移监护权只需要一份委托书和从网上下载的表格，结果是即使有犯罪记录的人也能通过这种方式获得儿童。据美国政府估计，自 20 世纪 90 年代末以来，可能有 2 万多名收养儿童被养父母遗弃。

道去哪儿寻找食物和照顾。[①] 显然，有些婴儿"如果远离他们的产母就无法平静下来"，有时会哭上几个月。[②] 看到自己的母亲把刚出生的孩子交给陌生人，也可能对她其他孩子产生创伤性影响，他们会担心同样的命运发生在自己身上。

代孕母亲在这个过程中同样受折磨。虽然拒绝与孩子分离的情况显然很少，但一些母亲已经公开表示抗议；并且，要不是代理机构为防止这种可能性采取了许多措施，可能会有更多母亲这样做。根据合同，代孕母亲被叮嘱不要对她们孕育的孩子产生任何感情。机构想尽办法限制她们与新生儿间的接触。剖腹产是首选，如此，当母亲醒来时，孩子便不见了。机构会让她感到自己很重要。她的勇敢和慷慨受到赞扬，她与孩子的分离被描绘成一种利他主义的究极测试。她还不断被提醒：她与孩子没有真正的关系，她的怀孕与一般的怀孕并非同类，其真正的行为人是医生和受精卵的提供者或"施主"。[③] 即便如此，对许多代

---

① Patricia Merino, *Maternidad, Igualdad y Fraternidad: Las madres como sujeto político en las sociedades poslaborales*. Madrid: Clave Intelectual, 2017.

② Daniela Danna, *Contract Children: Questioning Surrogacy*, Stuttgart: Ibidem-Verlag, 2015, 63, 65.

③ Daniela Danna, *Contract Children: Questioning Surrogacy*, Stuttgart: Ibidem-Verlag, 2015, 135.

孕母亲来说，丧失感仍然存在。对下列母亲来说，丧失感将尤其强烈：那些不知道自己将不得不面对密集医疗和相关健康风险的妇女，那些在签合同时相信自己将继续在孩子的未来生活中发光发热的妇女，以及那些相信通过将孩子交给一对富裕伴侣，自己将建立起可以惠及家庭其他成员的社会关系的妇女。[1]

另一些因素使代孕成为资本主义社会关系概念的缩影。虽然代孕的辩护者将之描绘成一种人道主义姿态、一件生命的礼物，使那些不能生育的伴侣能够体验为人父母的乐趣，但在现实中，通常是来自世界上最贫穷地区的妇女承担了这项任务；如果没有金钱补偿，代孕也不会存在。因此，安吉拉·戴维斯（Angela Davis）在《代孕和弃母：90年代的种族主义和生育政治》中的观点相当合理：代孕与美国奴隶种植园中强制执行的育种实践之间具有连续性。[2] 在这两种情况下，贫穷的妇女都注定要为了富人的利益在孩子出生时就将之放弃。

---

[1] Kalindi Vora, "After the Housewife," in *Radical Philosophy* 2.04, 2019, 42—46.

[2] Angela Davis, "Surrogates and Outcast Mothers: Racism and Reproductive Policies in the Nineties", in *The Angela Y. Davis Reader*, edited by Joy James, 210—21. Malden, MA: Blackwell, 1998.

多萝西·罗伯茨也强调了代孕实践中固有的深刻种族主义。她在自己的经典著作《戮杀黑身》中展现了所有新的生殖技术如何"强化了种族主义的生育标准"。[1] 例如，她指出绝大多数情况下是白人家庭寻求代孕，他们痴迷于传承自己的基因，且能够负担这个过程。相比之下，黑人家庭往往既没有能力支付代孕费用，也不愿意求助于医学界来解决他们的问题，因为他们可能曾在医院和医生手中遭受种种虐待。在长期的奴役和压迫史中，他们还形成了不同的育儿观：在这种观念里，社群中的所有人都要对其中的子女负责，所有人都是兄弟姐妹。事实上，代孕主要是一种白人做法，可以作为一个显著实例说明我们生育子女的权利如何受到严格限制，以及技术如何在加深专业化的同时加剧阶级特权与分化。今天，当医学不遗余力地保证不能生育的富裕伴侣拥有后代的可能性时，被奴役的非洲后裔，以及因国际经济政策而陷入贫困的许多妇女却被剥夺了同等权利。她们往往不得不丢下自己的孩子移民去别的国家工作，照顾别人的孩子；或者，被国际机构及其当地代表追赶着把她们无法控制的避孕药具植入身体，如

---

① Dorothy Roberts, *Killing the Black Body: Race, Reproduction, and the Meaning of Liberty*, New York: Vintage Books, (1997) 2017, 250—252.

左炔诺孕酮埋植剂和宫内节育器，使她们无法生育。如果将代孕与美国黑人妇女当前面对的"怀孕犯罪化"并列，它的阶级主义和种族主义特征将更加明显。根据国家卫生倡导者林恩·帕尔特罗的说法，美国黑人妇女一旦怀孕就会面对诸多认为她们在事实上违反了宪法的指控。[①]

与家务工作相类，代孕让我们看到一种新的性分工的出现。在代孕中生育被还原成一个纯粹的机械过程，被剥去所有的情感成分，被外包给世界上那些曾经是被殖民地区的妇女。自20世纪70年代末以来，这些地区遭遇了残酷的紧缩计划，这些计划导致大规模贫困，连最基础的生育方式也被剥夺。这件事同样让我们想起玛丽亚·米斯（Maria Mies）经常提出的一个观点：这个世界上一个地区的"不发达"是另一个地区"发达"的必要条件。[②]20世纪80年代初妇女被指控要为世界人口过剩负责，并在事实上被迫接受绝育手术，而现在她们则派上用场，生一些不

① Lynn M. Paltrow, and Jeanne Flavin, "Arrests and Forced Interventions on Pregnant Women in the United States, 1973—2005: Implications for Women's Legal Status and Public Health", *Journal of Health Politics, Policy and Law* 38, no.2 (April), 2013, 299—343.

② Maria Mies, *Patriarchy and Accumulation on a World Scale: Women in the International Division of Labor*, London: Zed Books, 2014.

能相认的孩子，再次被剥夺做母亲的权利。而该权利在那些拥有更多货币资源的人身上却被宣称是无条件的，得到法律的保护。事实上，一些话术被用来确立富裕者生育后代的权利，科学家、实验室和医生用它们来保证这些权利能实现；而另一些截然不同的话术则留给代孕母亲，合同要求征用她们的感觉和情绪，剥夺她们与己身所孕育的孩子之间的团结，就好像"它"只是一种纯粹的生长发育、一个物体，不值得任何关心。

不过我们最应当谴责代孕的一点在于，它进一步巩固了如下假设：人类可以像其他商品一样被买卖，而孩子可以专门作为商品被生产。这并不是一种新鲜的做法。我们在这里能想到马克思针对在工作过程中引入机器的影响所发表的评论，机器在物质上激励资本家购买儿童和年轻人。马克思指出，这也改变了父母与子女之间的关系。"以前工人出售自己的劳动能力，名义上他是作为自由人处置。现在他卖的是妻子和孩子：他已经成为一个奴隶贩子。"①

签署代孕合同的妇女同样如此，她们是一长串无产阶级形象的最后化身，把孩子看作生存的手段。但令代孕母

---

① Karl Marx, *Capital*, Vol.1, London: Penguin, 1990, 396.

亲与众不同的是，将孩子卖给另一个人是终身制的。这就是代孕与卖淫的区别，二者经常被拿来相提并论：妓女向他人出售的是服务和她身体的暂时使用权，而代孕母亲向他人提供、拿来换钱的却是对一个孩子一生的完全控制。

强调这一事实显然不是为了对那些成为代孕母亲的妇女提出道德控诉，她们往往是被家庭成员推到这条道路上的，或者因为完全没有渠道获取属于自己的资源，以至于为了代替与生存无休止地作斗争，她们会考虑出租子宫，就好像其他人可能会考虑出售肾脏、头发和血液一样。一个可以揭示许多代孕母亲所处贫困状态的明显标志是，她们中的一些在接受采访时会将怀孕的几个月视作假期，她们人生中第一个假期。但我们必须揭露围绕代孕业务产生的极其虚伪的话术——假装代孕是一种爱的工作、一种纯粹利他主义的表现、一件"生命的礼物"，而抹去如下事实：世界上最贫穷的妇女们干这个活计，受益者是有钱的伴侣，而后者在获得孩子后，便希望与代孕母亲断绝所有联系。

我们不应该虚伪地称颂所谓代孕母亲的利他主义，而应该反思那些使妇女接受九月怀胎的可怕贫困，而且她们还永不被允许照料自己生下的孩子，被禁止了解他们的命运。许多女性主义者已经关注到，而我们也该意识到的是：将母亲的生养细分、专门化到妊娠、社会和生物学三个不同部门，标志着这一曾经被视为妇女权力的过程丧失价值（devaluation），也标志着对妇女本身及其身体的一种性别歧视的、父权制的、非常亚里士多德主义的观念的复归：在代孕话术中，妇女被描绘成生命的被动携带者，除了无生命的质料（brute matter），她们对那生命全无贡献。

代孕**不**该被合法化吗？这是一个需要引发更多辩论的议题，因为它提出了如下疑问：我们在多大程度上可以求助国家来确保我们的生活不受侵犯。支持代孕合法化的人有时会论证说，这能为代孕母亲提供一些保护，而将该业务定罪会使她们暴露在更高的风险中，因为毫无疑问，代孕业务会在地下继续运作。要求国家施以惩罚性的管制和干预也很危险，正如历史所表明的，这些措施往往被用来对付那些已经遭受不公平对待的人。另外，我们又该如何保护代孕交易中出生的孩子？我们需要采取什么举措来防止买卖他人性命的行为进一步普遍化？

第三部分

7. 与哲学、心理学和恐怖主义一起：将身体改造为劳动力 *

在资本主义制度内部，一切提高社会劳动生产力的方法都是靠牺牲工人个人来实现的；一切发展生产的手段都转变为统治和剥削生产者的手段，都使工人畸形发展，成为局部的人，把工人贬低为机器的附属品，使工人受劳动的折磨，从而使劳动失去内容，并且随着科学作为独立的力量被并入劳动过程而使劳动过程的智力与工人相异化；这些手段使工人的劳动条件变得恶劣，使工人在劳动过程中屈服于最卑鄙的可恶的专制，把工人的生活时间转化为劳动时间。

——卡尔·马克思，《资本论》第一卷，《资本主义积累的一般规律》

各种形式的资本主义制度，无论它如何假惺惺地称道自己的包容，都持续不断地使全部的欲望屈从于其建立在剥削、财产……利润、生产力之上的极权主义专政……它不知疲倦地干这勾当……镇压、折磨、分割我们的身体，从而令它的诸般律法铭写在我们的血肉之上。它不放过任何一条进入我们机体的通路，将其死亡的祸根埋入我们内心深处。

——菲利克斯·加塔利，《软颠覆》，1996

我们抵抗控制的能力，或者我们对控制的服从，必须根据我们的每一个行动来评估。

——吉尔·德勒兹，《谈判》，1995

导论: 为什么是身体?

尽管有关身体的文献已然汗牛充栋，但我们必须谈论它，如下是一些不同的理由。首先是一个古老的真理，"太初有身体"，以及它的诸种欲望、本领，它对剥削各种形式的抵抗。通常大家认为：没有一种社会变革、文化或政治创新不通过身体来表达，没有一种经济实践不运用在身体之上。[①] 其次，身体同时处于我们这个时代的主要哲学辩论和文化革命的中心——在某些方面，当前的革命继续着 20 世纪 60 年代和 70 年代运动所启动的计划，这些运动将解放本能的问题引至政治工作的最前线。但我们必须谈论身体的主要原因在于：重新思考资本主义如何将我们的身体改造为劳动力，有助于将我们身体在当下所处的危机置入语境，还有助于诊断我们集体和个人的病理，以寻求新的人类学范式。

我所提出的分析框架不同于正统马克思主义方法论，也不同于后结构主义和后现代理论所提出的对身体和规训体制的解释。与正统马克思主义对"无产阶级形成"的描述不同，我的分析不局限于由对劳动过程的组织造成的身体变化。正如马克思认识到的那样，劳动力并没有一种独立的实存；它只在活生生的身体，"只在活生生的个体中作为一种能力实存"。[②] 因此，强迫人们接受依附劳动（dependent labor）的规训，不能仅仅通过"剥夺生产者的生存资料"或通过鞭子、监狱和绞索等强制手段来完成。

---

① Bryan S. Turner, *Regulating Bodies: Essays in Medical Sociology*, London: Routledge, 1992.

② Karl Marx, *Capital*, Vol.1, London: Penguin, 1976, 274.

为了迫使人们为他人服务，无论这些工作是有偿的还是无偿的，资本主义从其发展的最初阶段到现在不得不重组整个社会再生产过程，不仅重塑我们与工作的关系，而且重塑我们与身份感、与空间和时间，以及与社会生活和性生活的关系。

因此，不能单纯将劳动身体和新的"规训体制"的产生认为是工作在组织形式上的变化，或者是后现代理论家所提出的"话语实践"的效果。"话语生产"并不是一种自我生成的、自给自足的活动。它是经济和政治规划及其引发的抵抗的组成部分。事实上，我们可以从那些推动规训发展的抗争的角度来写一部关于规训（包括其范式转变和创新）的历史。

把身体看作首要是话语性的，还将忽略人体所拥有的本领、需求和欲望，这些都是在与我们的自然环境共同进化的漫长过程中发展起来的，且它们不能轻易被抑制。正如我在其他地方写过的，诸种需求和欲望的累积结构，几千年来一直是我们社会再生产的前提，一直是对劳动剥削的强力限制，这就是为什么资本主义从其发展的最初阶段就努力驯化我们的身体，使它成为一切物质性的、肉身性的、可朽的、与"理性"相对立的东西的能指。

资本主义中的身体：从魔力身体到身体机器

在《凯列班与女巫》（2004）中，我已经论证了资本主义对身体发起的"历史战争"始于一种新的政治观点，其将工作设定为积累的主要来源，从而将身体设想为**劳动力实存的条件**和补充劳动力消耗的主要因素。因而"生命政治"的兴起，并不朝向一种一般的"生命管理"，而朝向一种需要不断进行社会和技术革新，并摧毁所有不符合资本主义工作组织的生命形式的历史过程。

在这一背景下，我发现 16 世纪和 17 世纪对魔法的攻击与同时代机械论哲学的兴起，是产生新的身体概念，以及在哲学与国家恐怖之间出现新合作的关键所在。尽管这两个事件使用的工具不同，操作的领域也不一样，但它们皆有助于产生新的概念和规训范式，设想一种被剥夺了自主权力的身体，其在空间和时间上是固定的，能做出统一、有规律且可控制的行为。

自 16 世纪起，一台规训机器已经开始运转，它不断试图创造一种适合抽象劳动的个体，而该机器又需要不断重组，以适应在工作的组织方式、主导的技术形式和工人对压迫的抵抗中产生的诸多变化。

聚焦于这些抵抗，我们可以看到虽然在 16 世纪，启发身体机械化灵感的模型是一个从外部移动的机器，如泵或杠杆，但到了 18 世纪，身体已经被塑造成一种更有机的、自我移动的机器。随着活力论和"本能"理论的兴起，[1] 我们有了关于肉身的新概念，使另一种类型的规训得以成行：不再那么依赖鞭子，而更多依赖内在动力的运作——这可能是自雇佣劳动关系巩固后，劳动力将劳动过程的规训要求日益内化的标志。

然而，启蒙运动的政治哲学通过对劳动规训和消灭反常者做出科学解释，为将身体改造为劳动力的过程提供了飞跃式的工具。18 世纪，生物学和生理学取代了向巫术和魔鬼崇拜祈灵，被用来为种族和性别等级制，以及发明各种不同的规训体制辩护，以适应不断发展的劳动性分工和国际分工。启蒙运动中大多思想企划都围绕着这一发展展开，其中一些发明了种族和性别，[2] 另一些创制了新的货币

---

[1] Barry Barnes, and Steven Shapin, eds., *Natural Order: Historical Studies of Scientific Culture*, Beverly Hills, CA: Sage, 1979, 34.

[2] Londa Schiebinger, *Nature's Body: Gender in the Making of Modern Science*, New Brunswick, NJ: Rutgers University Press, 2004,143—183; Robert Bernasconi, "Who Invented the Concept of Race?", in *Race*, edited by Robert Bernasconi, Malden, MA: Blackwell, 2001, 11—136.

理论，将金钱设想为一种工作激励，而不是过去财富的记录。①除非我们将启蒙时期的文化和政治——人类同源发生论者和人类多源发生论者之间的辩论、男性和女性在生理学上被重构出不可还原的差异、"科学地证明了"白人男性大脑优越性的颅骨学研究——与不同形式的剥削（特别是那些在雇佣关系范围以外的剥削）的自然化联系起来，我们才可能理解这些现象。

在这种背景下，我们似乎可以轻易将18世纪遍及哲学和科学领域的、更有机的机械论的出现归因于劳动力的不断分化，以及白人、男性无产阶级的形成——虽然他们还没形成自我控制，但正如彼得·莱恩博（Peter Linebaugh）在《绞刑伦敦》②中所表明的，他们已日益接受雇佣劳动的规训。换句话说，我们很容易想象，生物学中的磁力论、哲学和政治经济学中的本能理论（如"交易的本能"）以及物理学或自然哲学中电和重力的作用，所有这些都预设了

---

① George Caffentzis, *Exciting the Industry of Mankind: George's Berkeley's Philosophy of Money*, Dortrecht: Kluwer, 2000; George Caffentzis, *Civilizing Money: Hume, his Monetary Project, and the Scottish Enlightenment*, London: Pluto Press, 2021.

② Peter Linebaugh, *The London Hanged: Crime and Civil Society in the 18th Century*, Cambridge: Cambridge University Press, 1992.

一个更加类似心灵的、自我推动的身体模型，它们的发展反映了日益扩大的劳动分工，以及相应地，身体被转化为劳动力的方式也在日益分化。这是一个需要进一步探讨的假说。可以肯定的是，随着启蒙运动的开展，我们看到人类与机器向同化迈出了新的一步，人类生物学重建了一些观念，为人类／自然的机械论新构想提供了基础。

心理学，在工业时代将身体转化为劳动力

在 19 世纪的最后阶段，完善"人—机器"的构造成了心理学的任务，后者取代哲学发挥战略性作用。由于对心理—物理规律的关切和对因果规律的信仰，心理学成了泰勒制的婢女，负责控制这种制度对工人的心理伤害，并在人和机器之间建立了适当的联系。第一次世界大战后，心理学在工业生活中的参与不断升级。工业使大量统一、顺从的实验对象可用于临床调查，为研究"态度"和适当的控制手段提供了可怕的实验室。[①] 心理学最初关注的是体力

---

① J. A. C. Brown, *The Social Psychology of Industry*, London: Pelican, 1954; R. A. Rozzi, *Psicologi e Operai: Soggettività e lavoro nell'industria italiana*, Milan: Feltrinelli, 1975, 16—17.

劳动对身体的影响，但很快就被要求面对工人的旷工和其他形式的对工业规训的抵抗，以及他们对心理学自身方法和技术的抵抗。心理学很快就成了最直接负责控制劳动力的学科。比起医生和社会学家，心理学家们在工人的遴选中介入更多，指导了数以千计的面谈，实施了成千上万的测试，只为选择"最适合工作的人"，观测工人的挫败并决定谁能晋升。[①]

自 20 世纪 30 年代以来，心理学家一直在工厂车间出没，有时作为永久雇员，直接介入劳动与资本的冲突之中，将工业化组织工作的方式所固有的病症归结为预先存在的本能现实（需求、驱力、态度），并为仅由追求利润制定的政策披上科学的外衣。正如雷纳托·罗齐（Renato Rozzi）在《心理学家与工人》（1975）中指出的那样，介入斗争对于心理学的学科发展而言至关重要。因为控制工人的需要迫使心理学家考虑他们的"主体性"，从而调整他们自己的理论以应对工人抵抗的影响。例如，减少工作日的斗争引发了对肌肉疲劳问题的医学研究热潮，使之首次成为一个

---

① R. A. Rozzi, *Psicologi e Operai: Soggettività e lavoro nell'industria italiana*, Milan: Feltrinelli, 1975, 19.

科学概念。[1]

　　然而，工业心理学关于驱力、态度、本能倾向的论述继续将工人封锁在由种种限制形成的网络中。这些论述建立在对工人的"病理学"起源的系统性神秘化和将异化劳动正常化的基础之上。事实上，心理学家的任务是否定工人的日常现实，以至于这一时期大多数心理学研究至多只有历史的或系谱的价值，正如罗齐所指出的那样。例如，我们不可能绷住脸接受诸如"肇事倾向"[2]这样的理论，这些理论在 20 世纪 50 年代经常被用来解释美国工作场所的事故频率并用来支持工作环境改善无用论。

　　心理学对重塑社会再生产也很重要，特别是通过对性的理性化。弗洛伊德构建了一种基于生物学的女性特质概念，并将这一概念与世纪之交的中产阶级家庭危机（他认为这种危机的根源在于对女性过度的性压抑）建立关系；如果只对这些予以关注，就掩盖了心理学在同一时期对工人阶级性行为，特别是工人阶级妇女性行为的约束方面的贡

① R. A. Rozzi, *Psicologi e Operai: Soggettività e lavoro nell'industria italiana*, Milan: Feltrinelli, 1975, 20n, 158.

② J. A. C. Brown, *The Social Psychology of Industry*, London: Pelican, 1954, 257—259.

献。典型的例子是切萨雷·隆布罗索（Cesare Lombroso）关于妓女"天生是罪犯"的理论，[①]其引发了一整套人体测量学研究的生产，认为所有挑战自己被指派女性角色的妇女都倒退到了较低的演化阶段。将"同性恋""性倒错"和手淫建构为精神障碍（例如在克拉夫特–艾宾［Kraft-Ebbing］1886 年的《性精神病态》中）和弗洛伊德 1905 年对"阴道高潮的发现"属于同一个项目。这一趋势随着福特主义的出现达到了顶峰，福特主义划时代地引入了五美元的日薪，以保证工人得到妻子的服务，将他性"满足"的权利直接与他的工资挂钩，同时使性成为家庭主妇工作负荷的重要组成部分。如下情况并非偶然：在大萧条时期，领取失业救济金的无产阶级妇女经常被社会工作者绑架，因为后者怀疑她们有"淫乱行为"，例如，不以结婚为目的与男人约会；随后她们被送到精神病院，心理学家负责说服她们如果希望重获自由，就把自己的紧身衣扎牢。到了 20 世纪 50 年代，对叛逆妇女的惩罚更加严厉，因为人们发现了脑叶切断术——这种治疗方法被认为对那些抑郁的、表现欠

---

① Cesare Lombroso and Guglielmo Ferrero, *Criminal Woman, the Prostitute, and the Normal Woman*, Durham, NC: Duke University Press, 2004, 182—192.

佳的、对家务工作失去兴趣的家庭主妇特别有效。[①]

心理学也被带到殖民地，用理论建构了非洲人人格，以证明非洲工人不如欧洲工人，并在此基础上为工资差异和种族隔离辩护。在南非，从 20 世纪 30 年代起，心理学家就在实施侮辱仪式方面发挥了重要作用，这种仪式打着"耐热测试"的幌子，让非洲人做好在金矿工作的准备，使他们进入一种剥夺了他们所有权利的工作环境。[②]

回到现在

今天我们从这段复杂的历史中学到了什么？我认为我们从中得到三个重要的教训。首先，我们了解到，资本主

---

① 脑叶切断术作为主流手术已经有 20 多年历史了。大部分的脑叶切断术是在美国做的。到 20 世纪 50 年代，大约有 4 万人接受了脑叶切断。第一例手术是在 1936 年进行的。1949 年是高峰年，发生了超过 5 000 例手术。英国，还有芬兰、挪威和瑞典这三个北欧国家也做脑叶切断术。斯堪的纳维亚医院做脑叶切断的人均次数是美国医院的 2.5 倍。绝大多数接受脑叶切断的患者是女性。参见 Joel Braslow, "Therapeutic Effectiveness and Social Context: The Case of Lobotomy in a California State Hospital, 1947—1954," *Western Journal of Medicine* 170, no.5 (June 1999): 293—296. 尽管她们失去了自发性和个人欲望，但医生和丈夫都认为，接受脑叶切断的妇女从手术中受益匪浅，因为对他们来说，妇女做饭、打扫和做家务的能力是她们"康复"过程中不可或缺的一部分。

② Alexander Butchart, *The Anatomy of Power: European Constructions of the African Body*, London: Zed Books, 1998, 93—103.

义的工作规训要求身体机械化，破坏身体的自主性和创造性，任何对我们心理和社会生活的描述都不应忽视这一现实。其次，由于参与了将身体转化为劳动力的过程，心理学家已经违背了他们声称自身科学性的预设，抛弃了我们期望他们能分析的现实的关键方面，比如工人对产业工作强加于我们身体和思想的严格控制的反感。

最重要的是，将身体转变为劳动力的历史揭示了资本主义自20世纪60年代以来所面对的深度危机。资产阶级试图通过对工作过程的全球重组来遏制这场危机，却只成功重启了导致危机更加不可收拾的矛盾。因为越来越清楚的是，用来保证生产价值的规训机制已不再有效。20世纪60年代和70年代的运动是这方面的一个转折点，这些运动表达了对工业劳动的反抗——这些劳动投入了"社会工厂"的每一个环节，从装配线到家务劳动，以及对两者起作用的性别认同。"蓝领蓝调"，产业工人要"休息"（time out），而不是用更多工作换更多钱，女性主义者拒绝再生产劳动的自然化，以及同性恋运动的兴起和相继而至的跨性别运动，都是这个背景中的实例。它们表达了对将人类活动简化为抽象劳动，放弃满足个人欲望，将我们的身体视为机器的拒绝，而坚持要**用一种不依赖于我们作为劳动**

力的能力的方式来定义我们的身体。

这种拒绝的深度可以通过对它部署的一系列反对力量来衡量。为了遏制这些拒绝，整个世界的经济都发生了重组。从工作的不稳定化（precarization）和弹性化到国家在社会再生产过程中撤除投资，一系列的政策不只试图击败这些斗争，还试图在资本主义关系的普遍性和霸权性的基础上创造新的规训。

例如，**不稳定性**的制度化不仅加剧了我们对生存的焦虑，而且也创造了那些去个性化的、适应能力强、随时准备更换职业的工人。[1]工作的计算机化和自动化进一步加剧了我们的身份丧失和无力感，提倡高度机械化、军国主义和非人性化的行为类型；在这种情况下，人被还原成更广泛的机械系统的一个组成部分。[2]的确，对劳动的抽象和严格控制在今天已臻完善，我们的异化感和去社会化感同样无以复加。这种情况给我们生活带来的压力之大，可以通过精神疾病的大众化——惶恐不安、焦虑、恐

---

[1] Franco Berardi, *Precarious Rhapsody: Semiocapitalism and Pathologies of the Post-Alpha Generation*, London: Minor Composition, 2009; *The Soul at Work: From Alienation to Autonomy*, Los Angeles: Semiotext(e), 2009.

[2] Les Levidow and Kevin Robins, *Cyborg World: The Military Information Society*, London: Free Association Books, 1989.

100

惧、注意力不足，以及从百忧解到伟哥等药物消费的不断上升来衡量。也有人认为，"电视真人秀"节目的成功是我们对生活异化的心理感受所造就的。正如雷娜塔·莎莉塞（Renata Salecl）所指出的那样，想要看看别人如何生活，他们做了什么，并将自己与他们进行比较的欲望，推动了这一行业分支，[①]揭示了一种我们正在丧失生活的感觉，尽管这些节目带来越来越多的虚幻，而不是更好地把握现实。

生存不确定性所引起的恐惧和焦虑只是恐怖的一个方面，今天这种恐怖被战略性地用来压制对全球工作机器的反抗。同样重要的是日常生活的军事化，这已成为一种国际趋势。这始于 20 世纪 90 年代美国采取的大规模监禁政策，其可以被理解为一场针对黑人青年的战争，还始于整个欧共体中移民拘留中心的激增。我们同样看到了惩罚力度的升级，如强制判决、"三振出局法"、[②] 电击枪的使用和

①　Renata Salecl, *On Anxiety*, New York: Routledge, 2004.
②　"三振出局"原是棒球比赛术语，意指击球手若三次都未击中投球手所投的好球就必须出局。20 世纪 90 年代美国在立法领域借用该术语，对那些有犯罪前科的，如果第二次或第三次再犯重罪，则数倍加重其法定刑期至无期徒刑。——译者注。

单独监禁，以及被捕妇女和儿童数量①的增加。如今，酷刑逼供不仅在"反恐战争"中屡见不鲜，在美国的监狱中也是如此。正如克里斯蒂安·威廉姆斯（Kristian Williams）指出的，这些既不是异常现象，也不是司法脱轨的意外效果。日常生活的军事化惩罚抗议，防止人们从经济结构调整中逃脱，维持种族化的劳动分工，维护国家摧毁公民身体的权利。②事实上，今天的监狱系统并没有假装具有使人改过自新的作用，它毫不含糊地充当着恐怖主义和阶级统治的工具。

这些大规模的武力部署，到目前为止遏制了对资本主义工作组织的反抗。但随着资本无法满足我们最基本的需求这件事越来越明显，将我们的身体转化为劳动力的问题也日益突出。恐怖战略的工具正在崩溃。我们见证越来越多对战争和当兵的拒绝，这能由现在自愿参军的美国军人的高自杀率反映出来，后者引发了军队内大规模的再教育

① Kristian Williams, *American Methods: Torture and the Logic of Domination*, Boston: South End Press, 2006, 205; Rickie Solinger et al., eds., *Interrupted Lives: Experiences of Incarcerated Women in the United States.* Berkeley: University of California Press, 2010.

② Kristian Williams, *American Methods: Torture and the Logic of Domination*, Boston: South End Press, 2006, 216.

和"健身"计划。至于把不稳定制度化，这是一柄双刃剑，因为它为依附性工作的去自然化（denaturalization of dependent work）和技能的丧失提供了条件，而社会学家长期以来认为这些技能是工业人口不可或缺的东西。正如克里斯·卡尔森（Chris Carlsson）在他的《今托邦》（2008）中所记录的那样，越来越多的人正在寻找被工作和市场管制的生活之外的其他选择，一方面是因为在不稳定的劳动制度中，工作不再是身份形成的来源，另一方面是因为他们希望更有创造力。同样，今天的工人斗争表现出了不同于传统罢工的模式，反映出对人类新模式以及人与自然之间新关系的探索。我们看到了讨论和实践"共同品"（commons）的兴趣，这已经催生了许多新的倡议，如时间银行、以物易物、城市花园和基于社区的问责结构。我们还能从对**雌雄同体**的性别认同模式的偏爱、跨性别和间性人运动的兴起以及对性别的酷儿式拒绝中看到这一点，它们都蕴含着对性别劳动分工的质疑。我还必须提到全球范围内对文身和身体装饰艺术的热情，它们创造了跨越性别、种族和阶级界限的社群的全新想象。所有这些现象不仅表明了规训机制的崩溃，而且表明了我们重塑人性的愿望：与几个世纪以来资本主义规训所强加给我们的重塑人性的方式截然不同，乃至完全相反。

心理学家们将如何看待这些现象？这在今天是一个开放的问题。心理学已经证明了它能够自我转变，并认识到它所研究的对象的主体性。但它还没有找到与权力决裂的勇气。尽管在20世纪60年代，持异见的心理学家和精神病学家——如菲利克斯·加塔利和佛朗哥·巴萨利亚（Franco Basaglia）——对主流心理学提出了激进的批评，但主流心理学仍然是权力的帮凶。今天，美国的心理学家积极介入拷问技巧和审讯方法的选择。与美国精神病学（American Psychiatric Association）协会不同，美国心理学协会（American Psychological Association）至今拒绝执行其成员通过的一项决议，该决议将禁止他们在违反国际法或《日内瓦公约》的地点参与审讯。

心理学家不仅要为他们的行为负责，也要为他们的不作为负责。除了少数例外，他们没有批评资本主义对工作的组织和规训是有害的，相反，他们将出卖劳动接受为社会生活的正常事实，而在关于固定倾向（fixed predispositions）的话语中把对出卖劳动的反抗解释为一种要压制的反常现象。关于这种不作为的一个简单但很有说服力的例子是：没有任何心理学调查研究了工资率的意义和价值，特别是加薪或减薪作为工作动力增减因素的意义和价值。"尽管有大量关于绩效评估的心理学文献,但很少有这方面的研究考察了在工作环境中将薪酬与评估绩效联系起来的后果。"[1] 同样,没有人认识到精神障碍可能是由失业、缺乏医疗保险和对工作的反抗等经济因素造成的。相反,心理学家跟随经济学家做"幸福研究",继续努力让人们相信积极思考、乐观,以及最重要的,"抗逆力"(resilience)——新流行起来的用于规训的语义工具——是成功的关键。此处有必要提及:"幸福研究"的老将马丁·塞利格曼(Martin Seligman)曾向美国陆军和中央情报局讲授"习得性无助"状态,后者被认为能发展成拷问过程的一个环节。他从军队获得 3 100 万美元的拨款,用于把士兵训练得更能"抗逆",以应对战争引发的创伤。[2]

现在是心理学家们去谴责那些将身体转化为劳动力的技术的时候了,这些技术不可避免地会从哲学走向恐怖,从心理学走向严刑逼供。心理学不可以再把资本主义引发

---

① Sara L. Rynes, Barry Gerhart, and Laura Parks-Leduc, "Personnel Psychology: Performance Evaluation and Pay for Performance", *Annual Review of Psychology* 56, no.1 (February), 2005: 572—573.

② Gar Greenberg, "The War on Unhappiness", *Harper's Magazine*, September 2010: 34.

的病症偷换到预先设定的人性上去，也不可以继续制造种
种紧身衣般的束缚，把我们的身体强行塞进去，却无视我
们所处的经济和政治体系每天都在侵犯我们身体的完整性。

---

* 本文的早期版本于 2011 年 6 月 28 日在塞萨洛尼基举行的理论心理学
  会议上发表。

8. 英美性工作的起源与发展

自资本主义社会诞生，性工作就在资本主义生产和资本主义劳动分工的背景下履行两项基本职能。一方面，它确保了新工人的繁殖。另一方面，它是工人们再生产日常的一个关键方面，性是工作中积攒压力的安全阀，至少对男性来说是这样。在很长一段时间里，性是他们能享有的为数不多的乐趣之一，因此更加不可或缺。"无产阶级"这个概念本身就意味着工人阶级能够大量自我繁育，[1] 不仅因为多一个孩子意味着多一个工人、多一份工资，还因为性是穷人唯一的乐趣。

虽然性活动对工人阶级来说很重要，但在工业化的第一阶段，这种活动并没有受到太多国家监管。这种情况一

---

[1] 从词源来看，无产阶级（proletariat）来自拉丁语 proles，意思是后代。——译者注

直持续到 19 世纪下半叶，其间资本家阶级主要关心劳动力生产的数量而不是质量。英国工人，无论男女，平均死于 35 岁左右，这一点对英国工厂主来说并不重要，只要工人们这些年都是在工厂里度过的——从日出到日落，从生命的最初几年直到死去，并且大量地生产新的劳动力来取代那些不断遭淘汰的劳动力。[1] 英国工人，无论男女皆只被期望生产出充足的无产者，而他们的"道德行为"却很少被人考虑。事实上，我们可以料想到在格拉斯哥和纽约的棚屋宿舍——工人们在那里度过他们在工厂外面为数不多的时间——滥交会是一种社会准则。我们还可以料想，英美女工将工厂工作与卖淫交替进行或结合起来，而卖淫活动的数量在这些国家随着工业化进程的腾飞而激增。[2]

---

[1] 例如，在整个 19 世纪的美国，女性的性同意年龄被设定在 10 岁左右，这一点很重要。

[2] 人们普遍认为，在工业化进程的第一阶段，女性工资低和贫民窟男女混住是英国卖淫"激增"的主要原因。威廉·阿克顿（William Acton）在他关于卖淫的著名著作中写道："许多妇女……由于她们的社会位置，特别容易受到诱惑，使卖淫队伍扩大。这句话主要适用于女演员、女帽商、女店员、家庭佣人和受雇于工厂或在农业帮伙（agricultural gangs）工作的妇女……这是一个可耻的事实，但尽管如此，各行各业劳动妇女的低工资为卖淫提供了肥沃的温床。"William Acton, *Prostitution*, New York: Praeger, (1857) 1969, 129—130. 毫不奇怪，很长一段时间里，在资产阶级家庭中，妇女的淫乱或"不道德"行为被视作某种阶级失格（déclassement）而遭受惩罚。"表现得像那些妇女中的一员"意味着表现得像无产阶级妇女，即"下层阶级"的妇女。

到了 19 世纪下半叶，情况开始发生变化，因为在工人阶级斗争的压力下，生产结构发生调整，新的结构需要不同类型的工人，相应地，工人的再生产过程也发生改变。正是从轻工业向重工业的转变，从机械构架向蒸汽机的转变，从生产布匹向生产煤炭和钢铁的转变，创造了对具有如下特征工人的需求：不那么憔悴、不那么容易生病、更能维持向重工业转变所需要的紧张工作节奏。正是在这种情况下，对产业工人的高死亡率普遍漠不关心的资产阶级，精心制定了新的再生产战略：提高男性工资，将无产阶级妇女送回家庭，同时提高工厂的工作强度，只有那些参与了更好的再生产活动的雇佣劳动者才有能力完成这些工作。

因此，在 19 世纪下半叶，与泰勒制的引入和在工作过程中引入新纪律同时发生的是工人阶级家庭的改革，其核心是为妇女构建一种新的家庭角色，使她成为生产更多合格劳动力的担保人。这意味着促使妇女不仅用生育来填补劳动力队伍，还要提供身体、情感和性服务来保证劳动者的日常再生产，这些服务对恢复他们的工作能力来说是必要的。

如前所述，对更健康、更受规训、更有生产力的劳动力的需求决定了英国在 1850 年至 1880 年期间发生的工作重组，而最重要的是，这种重组打断了工人阶级组织的浪潮。然而，我们还要认识到把妇女聘进工厂已经削弱了她们对再生产工作的接受程度和能力，以至于如果不找到补救措施，就会严重危害英国工人阶级的再生产。只要读一读1840年到1880年期间由英国政府任命的工厂检查员定期撰写的关于女工行为的报告，就会意识到，在提倡再生产制度改革的过程中，除了关注工人阶级中男性成员的健康和斗志外，还有很多利害攸关的事情。

不受规训，对家务、家庭和道德漠不关心，决心在工作之外的几个小时里尽情享乐，随时准备离开家到街上、酒吧去，像男人一样喝酒抽烟，与子女疏远——在资本主义的想象中，如此这般的工厂女工，无论是否结婚，都成了对稳定劳动力生产的威胁，必须被驯服。正是在这一背景下，工人阶级家庭的"驯化"和创造全职工人阶级家庭主妇成了国家政策，也开启了新的资本积累形式。

仿佛突然被工厂生活的现实所唤醒，到19世纪50年代，一大批改革者开始对妇女长时间不在家发出雷鸣般的抗议。通过"保护性立法"，他们首先取消了女性夜班，后来又将已婚妇女赶出工厂，这样她们就可以接受再教育，像"炉灶天使"那样发挥作用，领会忍耐和服从的艺术，而这尤其是因为她们将被分派的工作没有分毫报酬。

在世纪交替以前只适用于中上层阶级妇女的理想化"女性品德"，因此也辐射向了工人阶级妇女，以隐藏对她们无偿劳动的期望。毫不奇怪，我们在该时期看到了一场新的意识形态运动，在工人阶级中提倡**母性**和**爱**的理想，这些理想被理解为绝对的自我牺牲能力。芳汀，《悲惨世界》中的娼妓母亲，卖了头发和两颗牙齿来养活她的婴儿，是这类理想的恰当化身。"夫妻之爱"和"母性本能"这两个主题，以及抱怨工厂工作对女性道德和生育角色造成有害影响的声音，贯穿了维多利亚时代改革者的话语。

然而，如果不管制性工作，就不可能管制家务劳动。和家务劳动一样，资本和国家在这一阶段的性政治的特点在于，将资产阶级家庭中已经用来管制妇女性行为的原则延伸到无产阶级妇女身上。首先，否定女性性行为可以作为妇女收获快乐和金钱的来源。要把工厂女工—妓女（这两种情况下，她们有偿劳动）转换成无偿的、愿意牺牲自己利益和欲望来换取家庭福祉的母亲—妻子，一个基本的前提就是将母亲的角色从任何情色因素中"提纯"出来。

这意味着妻子—母亲只应享受"爱"的乐趣，而"爱"被认为是一种脱离了性和报酬欲望的情感。对于性工作本身来说，"为生育的性"和"为快乐的性"之间的分工被深化；而对妇女来说，将性与反社会特征联系起来的做法得到了深化。在美国和英国引入对卖淫的新型管制，旨在将"正直妇女"（honest women）与"妓女"区分开来——这种区分被招募进工厂工作的妇女所消解。威廉·阿克顿是英国改革的推动者之一，他指出妓女在公共场所的持续存在是多么有害。他为此给出充分理由：

> 我主要的兴趣在于，经常在聚会中目睹那些不道德、不检点、兴高采烈地卖弄自己的姐妹——用她们的语言来说，就是"一流"——会对已婚妇女产生怎样的影响。她们接受男人所有的殷勤，尽情喝酒，坐在最耀眼的位置，穿着打扮远远超过她们的地位，有大把的钱可以花，不限制自己的娱乐和享受，不承担家务责任，也没有孩子。不论这刺激场景有什么意义，这种放荡生活的实际优越性肯定会被那些机灵女人们注意到。①

阿克顿的倡议也是由另一个担忧引起的——性病，特别是梅毒在无产阶级中的传播：

---

① William Acton, *Prostitution*, New York: Praeger, (1857) 1969, 54—55.

如果我的读者是个尽责的家长，他就得支持我；因为，如果我所提倡的卫生措施付诸实施，当他考虑自己的孩子从婴孩到成年的成长过程时，他的焦虑会减少多少呢？政治家和政治经济学家注定成为我的读者：我建议应当与之进行斗争的种种邪恶不是已经使我们的陆军和海军变得无能，使我们的劳动者疲弱无力，甚至使我们的人口退化了吗？①

　　根据法国自 19 世纪上半叶以来采用的模式，管制卖淫意味着性工作者要接受医疗控制。

　　有了这种管制，国家通过警察和医学部门成了性工作的直接管理者。**妓女和母亲，作为两种独立、相互排斥的女性形象和功能被制度化**，也就是说，**毫无享乐的母性和毫无母性的"享乐"的区分被制度化**。社会政策开始要求妓女不能成为母亲。② 她的母性必须被隐藏起来，不得带去

---

① William Acton, *Prostitution*, New York: Praeger, (1857) 1969, 27.

② 然而，这并不是一项容易的任务。值得注意的是，阿克顿哀叹道："娼妓并不像一般人认为的那样在岗位上干到死……相反，她们中的大多数人，或早或晚都成了身心有污的妻子和母亲。在某些阶层的人民中道德情操是如此堕落，以至于依靠肉体谋生的妇女在社会交往中几乎得到了平等的待遇。很明显，尽管我们可以称这些妇女为弃民和贱民，但她们对社会各阶层都有强大的邪恶影响。卖淫对社会心灵造成的伤害是无法估量的；至少造成了同样严重的生理伤害。" William Acton, *Prostitution*, New York: Praeger, (1857) 1969, 84—85.

她工作的地方。在当时的文学作品中，妓女的孩子住在农村，被托付给慈善看护人。相比之下，人们期望母亲、妻子、"正直妇女"只把性视为一种家庭服务，一种她无法逃避又不会给她带来丝毫快乐的夫妻责任。唯一授权给母亲的性行为是被婚姻和生育所净化的性行为——也就是说，无休止的无偿劳动，几乎没有快乐可言，而且总伴随着对怀孕的恐惧。因此，从 19 世纪的小说中流传下来的经典形象是：妇女忍受着丈夫的索取，战战兢兢，不与社会想要罩在她头上的神圣光环发生冲突。

然而，性工作和养育子女的劳动分工之所以可能，只是因为资本使用了大量的心理和身体暴力来强加这种分工。未婚母亲的命运，"被诱惑和被抛弃"的命运，连同对母性牺牲的推崇，充斥着 19 世纪的文学作品，持续向妇女发出警告：无论什么都比"失去名誉"和被认为是"荡妇"好。但是，那曾让妇女不敢轻举妄动的鞭子，一直是生活在无产阶级水平的妓女日常被迫要面临的状况，因为她们日益与其他妇女相隔离，不断受到国家的控制。

但是，尽管卖淫被定为犯罪，建立体面的工人阶层家庭的努力在很长一段时间里遭受挫败。因为只有一小部分男性工人阶级能赚上只靠"他自己的工作"就能维持全家生存的工资，而性工作对无产阶级妇女来说一直是最容易获得收入的渠道，也是她们由于性活动不稳往往导致不得不独自抚养孩子而被迫从事的工作。20世纪70年代有个发人深省的发现：第一次世界大战之前的意大利，大多数无产阶级家庭的孩子在出生登记时父亲一栏填了NN（nomen nescio，姓名未知）。雇主利用妇女的贫穷迫使她们卖淫，以保住她们可能拥有的工作，或避免她们的丈夫被解雇。

至于"正直的"工人阶级妇女，她们始终知道婚姻和卖淫、良家妇女和妓女之间的分界线是很薄弱的。无产阶级妇女始终都知道，对她们来说婚姻意味着"白天是仆人，晚上是妓女"；[①] 每当她们打算逃离那张婚床时，她们就必须面对经济上的贫困。尽管如此，将女性性行为建构为一种服务，以及否定女性可以从中享乐，在很长一段时间里维持了如下观念：女性性行为是罪恶的，只有通过婚姻和生育才能得到救赎；这些建构还产生了一种状况：**每个女性都被认为是潜在的妓女，因而需要不断受到控制**。结果是，在女性主义运动兴起之前，好几代妇女都把自己的性行为

---

① 这是一位女性主义朋友的祖母对自己生活的描述。

视为可耻之事，不得不证明自己不是妓女。与此同时，卖淫虽然是社会谴责，需由国家控制的对象，却被认为是劳动力再生产的必要组成部分，而这又恰恰因为人们认为妻子不能完全满足丈夫的性需要。

这就解释了为什么性工作是家务活社会化的第一个方面。国家妓院，"casa chiusa"（封闭的房子）或"maison des femmes"（女人房），作为资本对性工作规划第一阶段的典型，**将妇女在制度上确立为集体情人，直接或间接地为作为集体丈夫和皮条客的国家而工作**。除了将妇女区隔（她们有偿提供数百万妇女免费提供的服务）之外，性工作的社会化也响应了生产效率标准。以妓院为典型的**性交的泰勒制化**极大地提高了性工作的生产力。对于那些在工厂或办公室工作一天后，不再有时间和精力去爱情冒险或踏入双方自愿关系的工人来说，低成本、容易获得、由国家资助的性行为就很理想了。

反对性工作的斗争

随着核心家庭和婚姻性行为的兴起，妇女反对家务劳动和性工作的斗争史进入了新阶段。这种斗争的证据是20

世纪之交离婚率的上升，尤其是在英美，在和中产阶级中，这个阶级最先采用了核心家庭模式。

正如欧尼尔（O'Neill）所指出的："直到大约19世纪中叶，离婚在西方世界还是一件罕见的事；此后，离婚以如此稳定的速度发生，以至于到本世纪末，合法解除婚姻被认为是一种主要的社会现象。"[①] 他继续说道："如果我们把维多利亚时代的家庭视为一种新的制度……我们可以看到为什么离婚成为家庭制度的必要组成部分。当家庭成为组织社会的中心时，它的亲密就会令人窒息，它的约束就会令人难以忍受，对它的期望就会过高而无法实现。"[②]

欧尼尔和他的同代人都很清楚，在家庭危机和匆忙离婚的背后，是女性的反叛。在美国，大部分的离婚请求是由女性提出的。离婚并不是妇女表达拒绝家庭规训的唯一方式。在同一时期，美国和英国的生育率都开始下降。从1850年到1900年，美国家庭成员数量减少了一个。同时，在这两个国家，受废奴运动的启发，一场以"家内奴役制"

---

① William L. O'Neill, *Divorce in the Progressive Era*, New Haven, CT: Yale University Press, 1967, 1.

② William L. O'Neill, *Divorce in the Progressive Era*, New Haven, CT: Yale University Press, 1967, 6.

为靶子的女性主义运动发展起来。

"是女人的错吗？"这是 1889 年《北美评论》（*North American Review*）登载的一场关于离婚的研讨会的标题，是该时期抨击妇女的典型例子。人们指责妇女贪婪或自私，对婚姻期望过高，责任感薄弱，把共同的幸福置于狭隘的个人利益之下。即使妇女没有离婚，她们每天也要与家务劳动和性工作斗争，往往采取生病和去性化（desexualization）的策略。早在 1854 年，美国医生、家庭改革的推动者玛丽·尼科尔斯（Mary Nichols）就曾写道：

> 出生的孩子十中有九都不是母亲想要的……文明社会中有大量的妇女既没有性的激情，也没有母性的激情。所有的女人都需要爱和鼓励。她们不愿意生育孩子，也不愿意为这份爱或鼓励而做妓女。在当下的婚姻中，妇女反对生孩子和不向爱人拥抱屈服的本能，几乎与她们在孩子出生后对他们的爱一样普遍。妇女母性本能和性本能的泯灭是一个可怕的病态事实。①

---

① 转引自 Nancy Cott, *Root of Bitterness: Documents of the Social History of American Women*, New York: E. P. Dutton, 1972, 286。

妇女们以没力气、虚弱和突发疾病（偏头痛、昏厥、癔症）为借口来逃避夫妻责任和意外怀孕的危险。确切地说，这些并不是"疾病"，而是对家务劳动和性工作的抵抗，这不仅体现在这种现象的普遍性上，还体现在丈夫的抱怨和医生的说教中。以下是美国医生 R. B. 格利森夫人（Mrs. R. B. Gleason）同时从世纪之交中产阶级家庭中女人和男人视角刻画的疾病和拒绝的辩证法：

> 我本来就不该结婚，因为我的生活长期只有痛苦。我一个人可以忍受，但一想到我年复一年地成为那些将要分担和延续我所忍受的痛苦的人的母亲，我就感到如此悲戚，几近心神错乱。[1]

医生说道：

> 未来的丈夫可能会非常小心地保护他所选择的那个美丽却虚弱的女人；他可能……深情地珍惜他年轻时便娶为妻子的人，尽管她经常疼痛，过早衰老；他

---

[1] Nancy Cott, *Root of Bitterness: Documents of the Social History of American Women*, New York: E. P. Dutton, 1972, 274.

仍然没有伴侣——没有人为他增添生活的欢乐或减轻生活的辛劳。有些生病的女人变得自私起来，忘记了在他们这样的伴侣关系中，她受苦的时候对方也受苦。妻子生病的丈夫要少半条命。①

丈夫问道：

她还能好起来吗？②

妇女若是不生病，就会变得性冷淡，或者用玛丽·尼科尔斯的话来说，她们身上遗传了"一种不推动她们追求任何物质结合的冷淡（apathetic）状态"。③ 在性规训的背景下，拒绝让妇女，特别是中产阶级妇女，自己控制自己的性生活，那性冷淡和浑身都痛就成了有效的拒绝理由，可以被伪装成正常的贞操保护的延伸，也就是说，作为一

---

① Nancy Cott, *Root of Bitterness: Documents of the Social History of American Women*, New York: E. P. Dutton, 1972, 274.
② Nancy Cott, *Root of Bitterness: Documents of the Social History of American Women*, New York: E. P. Dutton, 1972, 275.
③ Nancy Cott, *Root of Bitterness: Documents of the Social History of American Women*, New York: E. P. Dutton, 1972, 286.

种美德的过度，允许妇女扭转劣势，使自己成为真正的性道德卫道士。这样一来，维多利亚时代的中产阶级妇女往往比她们的孙女更擅长拒绝承担性责任。妇女们拒绝了性工作数十年，而心理学家、社会学家和其他"专家"们已经意识到这一点，并不准备退让。事实上，今天，一场让"冷淡女人"感到内疚的运动正在兴起，尤其是以她们的性没有得到解放的罪名。

19世纪社会科学的蓬勃发展一定程度上与家庭危机和妇女对家庭的拒绝有关。精神分析是作为性控制的科学诞生的，负责为改革家庭关系提供策略。在英美，性改革的规划出现在20世纪的第一个十年。关于家庭和"离婚问题"的各种书籍、小册子、活页、论文和专著，不仅揭示了危机的深度，还揭示了人们日益认识到一种新的性／家庭伦理的必要性。因此，在美国，当更保守的圈子成立保护家庭联盟（League for the Protection of the Family），而更激进的妇女主张自由结合，并认为要使这一制度发挥作用，"国家有必要给所有母亲发津贴，作为她们的权利"[1]时，社会学家和心理学家也加入了辩论，提出用科学的方

---

[1] William L. O'Neill, *Divorce in the Progressive Era*, New Haven, CT: Yale University Press, 1967, 104.

法解决这个问题。弗洛伊德的任务便是将新的性准则系统化，这就是为什么弗洛伊德的著作在这两个国家如此之受欢迎。

弗洛伊德与性工作的改革

表面上看，弗洛伊德的理论似乎关注一般的性，但它真正的目标是女性的性。弗洛伊德的写作是对妇女拒绝家务、生育和性工作的回应。正如他的著作所充分表明的那样，他深刻地意识到，"家庭危机"源于妇女不想或不能承担自己责任的事实。他还关注男性性无能的增多，他认为这件事情已经发展成他那个时代的主要社会现象之一。弗洛伊德将男性性无能归因于"对女性的要求延伸到男性的性生活，以及只能在一夫一妻制婚姻内发生性关系的性禁忌"。他写道："文明的性道德……通过颂扬一夫一妻制……严重削弱了男子气概的选择——这是能使种族进步的唯一影响。"[1]

妇女反对性工作的斗争不仅危及她们家中情人的角色，

---

[1] Sigmund Freud, *Sexuality and the Psychology of Love*, New York: Collier, 1973, 11.

产生了不满的男性；还危及了她们作为生育者的角色（这也许在当时更重要）。"我不知道，"弗洛伊德写道，"在文明教育之外是否也有性冷淡的妇女，但我认为这是可能的。在任何情况下，这些在怀孕中感受不到快乐的妇女后来都不愿意忍受频繁的生育，因为伴随着她们的是痛苦，所以婚前准备直接阻碍了婚姻的目的。"①

弗洛伊德的策略是将性（重新）纳入家庭的日常工作和规训中，通过更自由和更令人满意的性生活，在更坚实的基础上重建妇女作为妻子和母亲的传统角色。换句话说，在弗洛伊德看来，**性是为巩固家务服务的**，被转变成工作的一个环节，并很快就变成了一种责任。为了更健康的家庭生活，为了让妇女能在家庭中认同自己的妻子功能，而不是变得歇斯底里、神经质，在结婚的头几个月就把自己包裹在性冷淡里，还可能会被女同性恋之类的"堕落"体验诱惑着越轨，弗洛伊德给出的处方是：更自由的性。

从弗洛伊德开始，女性的性解放就意味着更高强度的家内工作。心理学专业发展的妻子和母亲模型，不再是生育大量后代的母亲的模型，而是妻子—情人，她必须保证

---

① Sigmund Freud, *Sexuality and the Psychology of Love*, New York: Collier, 1973, 25.

给丈夫更高层次的享乐，而不仅是插入被动或抗拒的身体所获的快乐。

在美国，随着进步时代（the Progressive Era）家庭生活的发展，性重新融入家务的情况开始在无产阶级家庭中生根，并随着福特主义对工作和工资的重新组织而加速进展。福特主义带来了流水线、每天五美元的工资和更快的生产节奏，这就要求工人们在晚上休息，而不是在酒吧里徘徊，这样才能恢复精神和体力，迎接第二天的艰苦工作。泰勒制和福特主义在美国工厂中引入的严格工作规训和生产加速要求新的卫生和性制度，因而需要复原性和家庭生活。换句话说，为了使工人们能够在工厂生活中遵守严格纪律，工资必须用来购买那些相比在酒吧里偶然邂逅所能提供的更有实质意义的性。通过重组以家庭为基础的性工作，使家庭更有吸引力，在工资上涨的时候也是至关重要的，否则这些钱就会被花在寻欢作乐上。

这种转变也有政治上的考虑。第一次世界大战后，酒吧除了是卖淫中心，还成了政治组织和辩论的中心，这进一步推动了把男人们带离酒吧、送回家里的尝试。

对家庭主妇来说，性工作的重组意味着她在不得不继续生孩子的同时还要担心自己的臀部可能会变得太大，于是开始一系列的节食行为。她会继续洗盘子、擦地板，但要把指甲修剪圆整，把围裙缝上褶边。她会继续从早到晚做苦工，但必须把自己打扮得漂漂亮亮的，以迎接丈夫的归来。这时，在床上说"不"变得更加困难。事实上，心理学书籍和妇女期刊都在出版新"教规"，强调性结合对婚姻良好运行至关重要。

自20世纪50年代起，卖淫的功能也发生了变化。随着20世纪的进展，美国普通男性越来越少通过嫖娼满足自己的需求。然而，最能挽救家庭的还是妇女自己赚取工资的有限渠道。但在美国家庭内部并非诸事顺利，这可以从战后大量离婚中看出来（英国和美国都是如此）。对妇女和家庭的要求越高，妇女的拒绝也就越剧烈。由于显然的经济原因，她们还未直接拒绝婚姻，而是**要求在婚姻中有更高的灵活性**——要求能从一个丈夫换到另一个丈夫，就好像从一个雇主换到另一个雇主一样，要求更好的家务劳动条件。在这一时期，争取第二份工作（和争取福利）的斗争与反对家庭的斗争密切相关，因为对妇女来说，工厂或办公室往往是摆脱无偿家务劳动、摆脱在家庭中的孤立无援和屈从于丈夫欲望的唯一选择。如下情况并非偶然：在很长一段时间里，男人把女人的第二份工作看作卖淫的前兆。在福利斗争爆发之前，拥有一份家外的工作往往是女性走出家门、结识朋友、逃离令人难以忍受的婚姻的唯一途径。

但早在 20 世纪 50 年代初，《金赛报告》就敲响了警钟，因为它展示了妇女拒绝提供足够高水平的性工作。人们发现，许多美国妇女都很冷淡，她们并不真正参与性工作，只是做做样子。调查还发现，一半的美国男性有过或想过发生同性关系。几年后，一项针对美国工人阶级婚姻的调查也得出了类似的结论。人们还发现，四分之一的已婚妇女仅把做爱当成一种纯粹的夫妻责任，有极大数量的人没有从中获得任何乐趣。[1] 正是在这一点上，美国的资本发起了一场大规模的性运动，决心用理论和实践的武器击败众多妇女对性的顽固冷漠。这场运动的主导论题是追求女性高潮，后者越发被视为对夫妻关系完美与否的检验标准。20 世纪 60 年代，女性高潮成为一系列心理学研究的主题，其在马斯特斯和约翰逊（Masters and Johnson）所谓的划时代发现中达到顶点：他们发现女性高潮不仅存在，而且有多种形式。

---

[1] Mirra Komarovsky, *Blue-Collar Marriage,* New York: Vintage Books, 1967, 83.

在马斯特斯和约翰逊的实验中，对女性性工作生产力的要求被安上了相当高的指标。女性不仅**可以**做爱并达到高潮，她们还**不得不**这么做。如果我们没有成功高潮，我们就不是真正的女人；更糟糕的是，我们没有"解放"自己。该信息在20世纪60年代透过电影银幕、妇女杂志书页和各种DIY手册传递给我们，它们传授给我们能达成满分性交的体位。性高潮和性解放的思想也被精神分析学家宣扬，他们证实"饱足"的性关系是社会和心理平衡的条件。到了20世纪70年代，"性诊所"和"性商店"开始涌现，随着婚前和婚外性关系、"开放式婚姻"、群体性行为的合法化和对自慰行为的接受，家庭生活历经了一次显著的重组。与此同时，为了安全起见，技术创新为那些即使是最新版《爱经》（Kama Sutra）也无法令之投入性工作的妇女生产了振动按摩器。

这对妇女来说意味着什么？

让我们毫不含糊地说出来！对于今天的妇女，也同样对于我们的母亲和祖母，性解放只能意味着把我们从"性"中解放出来，而不该是性工作的强化。

"从性中解放出来"意味着把我们从被迫从事性活动的条件中解放出来，这种条件使我们的性变成了一项艰巨的工作，充满了未知和意外，特别是在做爱后怀孕的危险，而即使是最新的避孕药具也可能潜藏有相当大的健康风险。只要这些条件仍占主导，那任何的"进步"都只带来更多的工作和焦虑。毫无疑问，当我们被发现不是处女，或被发现"不忠""行为不端"时没有被父亲、兄弟和丈夫私刑处死，已经是巨大的进步——尽管因为想要离开伴侣而被后者谋杀的妇女数量仍在持续增长。但由于"性解放"已经变成某种我们若不想被指控落后就必须接受的义务，性仍然是我们焦虑的来源。以至于，当我们的祖母们可以在一天的辛苦劳作后以偏头痛为借口安心入睡，我们这些被解放的孙女们，会在拒绝做爱、不积极参与做爱甚至不能从中取乐时感到内疚。

要"来"（*To come*），要性高潮，已经成为一种绝对命令（categorical imperative），以至于我们不愿承认"什么都没发生"。面对男人坚持不懈的追问，我们要么撒谎，要么强迫自己再努力一次，结果往往将床笫之事弄得像在健身。

但最主要的区别是，我们的母亲和祖母们是用交换的逻辑来看待性服务的：你和你嫁的男人上床，那就意味着他得向你保证一定的经济安全。今天则相反，我们在床上、在厨房里免费工作，不仅因为性工作是无偿的，还因为我们越来越多地提供性服务却不期望任何回报。事实上，被"解放"妇女的标杆便是：总是可以得手，但不再要求任何回报的妇女。

9. 重访"太空中的摩门教徒"

（与乔治·卡芬奇斯合写）

如何解释资本离开地球的冲动？一边破坏地球一边超越地球？为什么所有这些关于航天飞机、太空殖民、火星旅行的梦想，都与对太空的军事化混合在一起？资本主义是否想摧毁这个令其棘手的地球，正如它想重组我们的身体？地球和我们反抗的身体，这两种资本主义出现以前10亿年来形成的残留物，最终都要被摧毁——这是资本主义的肮脏秘密吗？为什么对太空的军事化和将我们的染色体与神经系统重新编码这两种尝试同时发生？如果不是为了在一个纯粹的资本主义领域和一个纯粹的资本主义工作事件序列中界定一种真正的资本主义存在——无重量、无形式的神经系统，为什么要准备好无限次的重新组网？

"外太空"并不是我们所知的太空。资本渴望火星，并

不是因为在那儿可以发现或制造矿物，而是因为当资本把我们带到火星时，它能对我们干出种种勾当。

如果有人试图定义我们在新右翼中成长的时代精神，那么他将面临一个费解的难题。一方面，时代化身成科学和技术革命的发言人，这些革命在几年前还带有科幻味：基因剪接、重组DNA、时间压缩技术和太空殖民。与此同时，新右翼圈子见证了宗教倾向和道德保守主义的复兴，而人们本以为这些东西已经为清教徒国父们陪葬，不会再回来。无论你走到哪里，信上帝或信撒旦的团体都像蘑菇一样蔓延：基督教之声、亲家庭论坛、生命权委员会、全国祈祷运动、鹰论坛、反堕胎委员会、恢复受教育选民基金、基督教经济学研究所。概而观之，新右派似乎向两个相反的方向延伸：既试图大胆地迈向过去，又试图自信地跨向未来。

当我们意识到这两方并不是独立的宗派，而在不止一个方面涉及相同的成员和资金时，谜题就更多了。尽管有一些琐碎的分歧，为了维持多元主义的表象发生过一些变动，但那只将航天飞机送入轨道、将小鼠和兔子重组的手，也将同性恋、跨性别者和堕胎的妇女推上火刑柱，再画一个十字：从18世纪到20世纪一直如此。

反堕胎使徒和科学未来学家在多大程度上共享一个灵魂，一种使命，并不能从他们各自代言的生活中看出来，却可以从他们在面对现时的"关键问题"时表现出的和谐意图中看出来。当涉及经济和政治议题时，所有的分歧都会消失，新右派的两个灵魂都会把金钱和资源引向共同的目标。自由市场、自由放任的经济、军国主义（即所谓"建立强大的军事防御"）、巩固"内部安全"，例如，让联邦调查局和中央情报局自由支配我们的日常生活，除了建造监狱并确保填数百万人进去以外削减所有的社会开支。总之，宣称美国资本对世界的所有权，让"美国"以最低（或更低）薪资工作，是所有新右派向《圣经》宣誓的目标。

理解新右派双重灵魂的线索之一，在于认识到它在反动社会政策和科学胆识上的混合在资本主义的历史上并不是什么新鲜事。如果我们看看资本主义的开端——道德多数派很乐意回到的 16 世纪和 17 世纪——我们会在见证资本主义"腾飞"的国家看到类似的情况。当伽利略将他的望远镜对准月球，弗朗西斯·培根奠定科学理性的基础时，全欧洲都有妇女和同性恋被烧死在火刑柱上，还得到现代化欧洲知识分子的普遍祝福。

突发的狂热？莫名其妙向野蛮倒车？在现实中，猎巫是对"人类可完善性"尝试的一部分，而这种可完善性普遍被认为是诸位现代理性主义之父的梦想。因为，如果不同时产生一种新型个体，其行为像刚发现的自然法则一样规律、可预测、可控制，那么新型资产阶级对自然的支配和剥削也将无法实现。为了达到这一目的，人们必须摧毁魔力世界观，后者让殖民地的土著人民相信对土地的开采是一种亵渎，教导欧洲人在"不幸的日子"应避免一切活动。此外，通过将堕胎和一切形式的避孕定为反人类罪，猎巫运动让国家得以控制劳动力的主要来源，即妇女的身体。奸妇、坏了名声的妇女、女同性恋，还有独居的、缺乏母性的、有私生子的妇女，都死在刑柱上。许多乞丐也在上面丧了命，他们曾对拒绝给他们啤酒和面包的人发出诅咒。现代理性主义之父们对此表示赞同。其中一些甚至抱怨国家做得还不够。一个臭名昭著的例子：让·博丹（Jean Bodin）坚持认为女巫在被扔进火堆前不应该被"仁慈地"勒死。

今天，我们发现美国普遍存在类似的情况，这是资本陷入危机的标志。在对自己的根基没有把握时，资本总是会从最基本的地方做起。这在当前就意味着大胆尝试技术飞跃，一方面（在生产这一极），将资本集中且将工作自动化至前所未有的程度；另一方面，让数以百万计的工人要么流浪、失业，要么参加以最低标准偿付的密集劳动——按照备受推崇的"自由企业区"的模式。其中还包括对劳动再生产过程的重组。

今天，工人阶级光谱上的两端都需要依照新基督教右派的路线以一种制度化的方式被压抑和自我规训：一端是那些不得不从事临时、低薪工作，或常年寻求就业的人，另一端是那些被分派去使用技术所能生产的最先进设备的人。我们不要搞错了：从华尔街到军队，所有的资本乌托邦都以对身体极微的微观政治为前提，遏制我们的动物本性，精心制作"追求幸福"的含义。这对高科技工人的培育尤其必要，他们与工人阶级的下层人士不同，不能用棍棒来控制，因为他们工作所用的机器成本要高昂得多。

今天，启动高科技产业最需要的是在人类—机器上实现技术飞跃——一个巨大的演化步骤，创造一种新型的工人，以满足资本的投资需要。我们的未来学家所倡导的新生物需要哪些能力呢？看一下关于太空殖民地的辩论就知道了。所有的人都同意，在太空发展人类殖民地的主要障碍出在生物社会层面而非技术层面。你可以把航天飞机的瓷砖紧紧地粘在一起从而把它们发射到火星上，但是培养合适的太空工人却是一个问题，后者即便遗传学发生突破性进展也没法解决。我们需要这样的个体：能够长期忍受社会隔离和感官剥夺而不崩溃，在极其艰苦、异化的人工环境中，在巨大的压力下表现"完美"，能对心理反应（愤怒、厌恶、优柔寡断）和身体机能（考虑到在太空中仅拉屎就需要耗去一个小时！）实行超凡控制。

太空中，我们的生活世界十分脆弱，我们那些"过于人性的"弱点可能带来灾难。这就需要完全的服从、循规蹈矩和接受命令。当最微小的损坏行为都可能给托付于人手的昂贵、复杂和强大的设备带来灾难性后果时，人们几乎不能容忍任何偏差和分歧。太空技术人员不仅必须与他们的机器有一种近乎虔诚的关系，他们自己也必须变得越来越像机器，与计算机实现完美的共生关系。在太空的漫漫长夜中，计算机往往是他们唯一的，也是最可靠的向导，是他们的同伴、哥们和朋友。

因此，太空工人必须有禁欲的品格，身心纯洁，表现完美，像上紧发条的时钟一样顺服，且具有极度恋物癖的心智模式。该如何培养出这样的"珍宝"？用生物学家加勒特·哈丁（Garrett Hardin）的话来说：

什么样的人群最适合这种新晋的"美丽新世界"（太空殖民地）？可能是宗教群体。必须思想统一、能接受规训。但殖民者不能是一群一位论派或贵格会成员，因为这些人把个人良知视为行动的最佳指南。太空殖民地更需要一些类似哈特派或摩门教的居民……为避免破坏和恐怖行动，在这艘精妙的船上必须实现心理上的完美整合。只有"净化涤罪"才能达成这一效果。①

　　毫不奇怪，在着陆几天后，第一批航天飞机宇航员在摩门教会堂受到尼尔·麦克斯韦长老的欢迎。"今晚我们向那些见过上帝威严和力量的人表示敬意。"他说。接着 6 000 位教徒回应："阿门。"

　　从这个角度看，神创论和进化论之间的斗争似乎是资本主义内部的辩论，以确定最适当的控制手段。在我们的社会生物学家和基因工程师——当今科学突破的英雄们——发现能创造出完美机器人的方法之前，鞭子就足够了，特别是在这个仍受 20 世纪 60 年代无政府／颠覆意识

---

① Stewart Brand, ed., *Space Colonies*, New York: Penguin, 1977, 54.

形态影响的时代。

此外，禁欲主义、自我控制、远离尘世、弃绝身体——这些构成了清教教导的实质——是资本的科学和经济计划能蓬勃发展的最好土壤。在试图迁居到更安全的海岸的过程中，资本极有意识地拥抱了所有宗教的梦想：克服一切物理上的界限，把人类化约成天使一样的生物，只剩灵魂和意志。[1] 在创造电子/太空工人（宇宙中进行科学探索—剥削的牧师）的过程中，资本再次与物质展开了历史性的战斗，试图同时打破地球和"人性"的界限。这两种界限当前正呈现为必须被克服的不可化约的限制。

按计划组织太空产业和身体的非物质化是相辅相成的。因为前者的实现离不开对全部需求、愿望和欲望的重塑，而后面这些是地球上数十亿年来物质进化的产物，到目前为止一直是我们生物社会再生产的物质条件：蓝色，绿色，乳头，睾丸，橘子、牛肉、胡萝卜的质地，风和海的气息，日光，对身体接触的需求，**性**！性欲的危险体现了资本在试图创造能完全自我控制的人时所遇到的障碍，一种能够夜以继日地独处，只对着电脑说话，思想只集中在屏幕上

---

[1] 关于这个主题，参见 Sol Yurick, *Behold Metatron, the Recording Angel*, Brooklyn: Autonomedia, 1985。

的人。你能承受得了在太空中的饥渴或孤独吗？你能承受得了嫉妒或婚姻破裂吗？

一份关于南极站的报告显示出这方面的正确态度，该站表面上是为了研究南极的气象、天文和地理条件，实际上却是用于人类实验的中心：研究人类在接近太空条件下的情况（隔离数月、缺乏感官接触等）。报道说："所有的应聘者都被警告在高压环境下发生性关系的'危险'。独身是最好的行为方式……在最初的几个星期里，男人们除了性什么都不想，然后它就被淹没了，直到冬天快结束的时候。（一名工作人员报告说，）'你基本上就把它抛在脑后了。你一直在工作；没有隐私。'"[1]

独身，禁欲，这是漫长过程的最后一步，在这个过程中，资本减少了我们在生活和与他人的交往中感官和性的内容，用精神形象取代了身体接触。几个世纪以来的资本主义规训在很大程度上造就了那些因为害怕接触而彼此退缩的人（看看我们如何在社交空间中过活：公共汽车和火车上，每个乘客都封闭在自己的空间里，保持着明确而无形的界限；每个人都有自己的城堡。医生们很少再接触我

---

[1] Robert Reinhold, "Strife and Despair at South Pole Illuminate Psychology of Isolation", *New York Times*, January 12, 1982.

们的身体，他们只依靠实验室报告来做出诊断）。这种由电脑和手机加强的身体和情感上的相互隔离，是资本主义合作的本质和新形式。但是，这种令生活各个方面非物质化的趋势在未来太空殖民地的想象居民身上达到了顶峰，他们的成功取决于他们化身天使的能力，他们不需要我们在地球上作为日常营养的感官刺激，而完全能依靠一种自给自足的、自我中心的意志力生活。

生命的抽象性与死亡的抽象性相匹配。在今天的战争中，敌人的身体只是屏幕上的一个光点，毁灭它就像玩电子游戏一样简单。在这方面，宗教训练也至关重要，它将人类划分为天堂选民和地狱犯人两类。从接受必将降临的地狱之火到接受在核战争中毁灭高达数百万人的身躯，作为洗刷地球上所有社会偏差的手段，这两者之间只差一点点。打破我们和他人之间的所有联系，甚至让我们自己远离自己的身体只是第一步。因此我们还有了电子教堂，它剥除治疗师的物质形态——呈现为成千上万个屏幕上的图像和一个寄钱的地址，收到钱他大概就会为你祈祷。

的确，声音和图像正在取代社会关系。它们用一种可以随意激活和终止的技术社交代替了无法预测的人类邂逅。和机器生活在一起，变得像机器一样，这是最基本的。理想的类型是无性天使，在引擎的空隙中移动，像在宇航员的分离舱里一样，工作空间和生活空间完美融合。失重是因为由人类欲望和诱惑产生的重力被净化了。人们将永不再拒绝工作。曾在 16 世纪和 17 世纪的乌托邦中如此突出的，资本主义关于人类可完善性（从培根到笛卡尔）的旧梦，似乎已经唾手可得。下面是 1968 年驾驶阿波罗 7 号的美国国家航空航天局（NASA）宇航员瓦尔特·施艾拉（Wally Schirra）讲述的太空经历：

> 失重的感觉……我不知道，太多感受混在一起。骄傲、健康的孤独、远离一切肮脏和黏腻的有尊严的自由……你感到非常舒服，对，相当准确的词……你感到舒服，充满能量，有做事的冲动，有做事的能力。而且你工作得很出色，是的，你念头通达、行动无拘，不出汗，毫不费力，圣经里"汗流满面、多受苦楚"的诅咒不复存在。就好像重获新生。①

难怪资本对我们的地球家园如此漠不关心，乃至准备

---

① 引自小瓦尔特·M.施艾拉于 1968 年 10 月在阿波罗 7 号太空电视广播中的发言。

用核爆摧毁它——这是精神战胜地球—物质的完美体现，就像上帝最初的行动一样富有创造力！大爆炸，大阳具，其本质就是渴望权力，渴望像上帝一样肢解人类居住的地球，摆脱一切束缚。穿着宇航员／太空工人服装的浮士德，他是一个不需要任何躯壳的超人，他决心不仅在地球上，还要在宇宙中实现自己的意志。

一个由宗教—爱国主义驱动的天使社会。然而，太空殖民的冒险不会带来一个"新美国"，不再是漂流者、契约佣工和奴隶居住的地方。对工作项目完全认同、完全服从、完全自我规训自我控制的需求是如此之高，以至于根据 NASA 的说法，连旧的奖励形式都该被废除："太空殖民招募不应该用高报酬激励，因为那会吸引错误的人"[①] 无偿工作。这是最终的资本主义乌托邦，工作本身就是回报，所有拒绝者都会被扔进冰冷星空。资本主义终于达到它的目标和极限。

---

① Richard Johnson and Charles H. Holbrow, eds, *Space Settlements: A Design Study*, Washington, DC: NASA, Scientific and Technical Information Office,1977, 31.

第四部分

10. 赞美舞动的身体

　　身体的历史就是人类的历史，因为没有一种文化实践不是首先应用于身体的。即使将眼前的话题限制在资本主义中身体的历史，我们也面临着一项艰巨的任务，因为规训身体的技术是如此广泛，并随着我们身体所臣服的不同劳动体制的变化而不断变化。

　　身体的历史可以通过描述资本主义对其启动的不同形式的压迫来重构。但我决定写点别的，我要书写作为抵抗根据的身体，也就是说，我书写身体和它的诸本领——行动的本领，自我改造的本领；身体是对剥削的限制。

　　当我们坚持认为身体是某种社会建构和操演的东西时，我们丢了一些东西。将身体视作社会（话语）产品的观点掩盖了这样一个事实：我们的身体是各类本领和抵抗力量的载体，而这些东西是我们在与自然环境的共同进化和代际实践的长期过程中形成的，它们使身体成为对剥削的自然限制。

当我说身体是"自然限制"时，我指的是我们身上诸种需求和欲望的结构，后者不仅是在我们有意识的决定和集体实践中产生的，还来自数百万年的物质进化：对太阳的需求，对蓝天和绿树的需求，对森林和海洋气味的需求，对触摸、嗅闻、睡眠和做爱的需求。

这种需求和欲望的累积结构，数千年来一直是我们社会再生产的条件，对我们所遭受的剥削设了限制，是资本主义一直努力想克服的东西。

资本主义不是第一个基于剥削人类劳动的制度。但它比历史上任何其他制度都更想要创造一个经济的世界，在这个世界里，劳动是积累的最基本原则。因此，它是第一个将对身体的严格控制和机械化作为积累财富的关键前提的制度。事实上，资本主义自其开始到现在的主要社会任务之一就是把我们的精力和肉身力量转化为劳动力。

在《凯列班与女巫》（2004）中，我研究了资本主义为完成上述任务和重塑人性而采用的战略。而它重塑人性的方式，和它试图重塑地球以使土地更具生产力，以及将动物变成活工厂的方式一样。我谈到它对身体、对我们的物质性发起的历史性战斗，以及它为此目的而发明的许多机制：法律、鞭子、对性行为的监管，以及重新定义我们与空间、自然以及彼此之间关系的无数社会实践。

资本主义诞生于人与土地的分离，其首要任务是使工作独立于季节，并将工作日延长到超出我们的忍耐极限。我们一般强调这个过程的经济方面，强调资本主义带来的对货币关系的经济依赖，以及该过程在形成工资无产阶级过程中起到的作用。而我们并不总能看到的是：与土地和自然的分离对我们的身体意味着什么，资本主义使我们的身体赤贫，剥夺前资本主义人们赋予身体的本领。

正如马克思所认识到的那样，自然是我们的"无机身体"，曾经，我们可以读懂风和云，读懂河流和洋流的变化。[①] 在前资本主义社会，人们认为自己有能力飞行，感受灵魂出窍，可以与动物交流和说话，拥有动物具有的能力，甚至能变形。他们还认为自己可以分身出现在多个地方，可以从坟墓里回来向敌人复仇。

这些本事并非都是想象出来的。与大自然的日常接触是大量知识的来源，在殖民化之前，美洲发生的食物革命

---

① Karl Marx, *Economic and Philosophical Manuscripts of 1844*, translated by Martin Milligan, Buffalo: Prometheus Books, 1988, 75—76.

和航海技术革命特别能反映这一点。例如，我们现在知道，波利尼西亚人曾经只凭身体就能在夜间远海航行，身体便是他们的指南针，因为他们可以从海浪的振动中读解出将他们的船只引向岸边的不同途径。

空间和时间的固定始终是资本主义用来控制身体的最基本和最持久的技术之一。且看历史上资本主义向流浪者、移民和无业游民发起的进攻。当流动性不是为了工作时，它便成为一种威胁，因为它使知识、经验和斗争流通起来。在过去，管制的工具是鞭子、铁链、绞刑、肢残和奴役。今天，除了鞭子和看守所，我们控制流荡的手段还包括电脑监控和禽流感等流行病的定期威胁。

机械化——将男性和女性的身体变成机器——一直是资本主义最无情的追求之一。动物同样被变成了机器，以致母猪可以加倍产仔，鸡可以不间断地生蛋，而不生蛋的鸡则被磨碎，小牛在被送进屠宰场之前无法靠自己站起来。我无法在此援引所有使身体机械化的方式。指明如下要点就够了：由于主导的劳动制度和作为身体模型的机器发生变化，捕捉和支配身体的技术也发生变化。

因此，我们发现，在 16 世纪和 17 世纪（制造业的时代），人们根据简单机器（如泵和杠杆）的模型来想象和规训身体。这种体制在泰勒主义和时间—运动研究中达到顶点，每一个动作都被计算，所有的能量都被输送到工作中去。

此处抵抗便按照惯性来想象，身体被描绘成哑巴牲口和抗拒命令的怪物。

到了 19 世纪，我们有了以蒸汽机为模型的身体观和规训技术，身体的生产力以输入和输出来计算，**效率**成为关键词。在这种体制下，对身体的规训是通过饮食限制和对每个工作身体所需卡路里的计算来实现的。在这种背景下，规训体制在规定每种类型的工人需要多少卡路里的纳粹表格中达到顶点。此时能量的弥散、熵、浪费、无序就成了敌人。在美国，这种新的政治经济的历史始于 19 世纪 80 年代，伴随着对酒吧的批评和重塑以全职家庭主妇为中心的家庭生活。家庭妇女被认为是一种反熵的装置，她们总是随叫随到，饭菜吃完就呈上新的，家人的身体脏了就放好洗澡水，衣服补了又破，破了又补。

在我们的时代，身体的模型是计算机和遗传密码。在这种模型中，身体是非物质化的、分解的，被设想成细胞和基因的聚集物；每一个细胞和基因都有自己的程序，不关心身体的其他部分，也不关心作为整体的身体的善。这就是"自私的基因"理论，它认为身体是由个体主义的细胞和基因组成的，它们都执行着自己的程序。这是新自由主义生命观的完美隐喻：市场主导着社会，不仅反对群体团结，还反对我们身体内部的团结。身体始终被分解，成了自私基因的积聚，而每个基因都在努力实现自己的自私目标，对其他基因的利益漠不关心。

我们若是内化了这种观点，那我们便也内化了最深刻的自我异化体验，因为我们不仅要与不听从我们命令的巨大野兽对抗，还要对抗一大批深植我们自己身体内部的微观敌人，它们随时准备攻击我们。各种产业已建立在这种身体观所产生的恐惧之上，将我们置于我们无法控制的力量的摆布之下。我们若是内化了这种观点，我们必然也就对自己失去好感。事实上，身体让我们感到害怕，我们也不再倾听它。我们听不到它的需求，却用医学能提供的所有武器攻击它：辐射、肠镜、乳房 X 光照相，这些东西武装了针对身体的长期战争。我们参与到进攻之中，而不是把我们的身体带离火线。这样一来，我们便准备好去拥抱一个将身体部位转化成市场商品的世界，将我们的身体视为疾病仓库：身体是祸害、身体是传染病的源头、身体没有理性。

我们的斗争因而必须如下这般展开：重新占有我们的身体，重估、重新发现身体的抵抗能力，扩展、颂扬个体和集体身体的本领。

　　舞蹈是重新占有的核心。本质上，舞蹈活动是对身体所能行之事的探索和发明：身体的能力，身体的语言，身体表达了我们为存在而进行的奋斗。我逐渐相信，舞蹈中有一种哲学，因为舞蹈模仿了我们与世界发生关系、与其他身体发生联系、改变我们自己和周围空间的过程。从舞蹈中我们了解到，物质不是愚蠢的、盲目的或机械的，而有其自身的节奏和语言，它自我激活、自我组织。我们的身体中有我们需要领会、重新发现、重新发明的理性。我们需要倾听身体的语言，踏上通往我们自己的健康与治愈之路；正如我们需要倾听自然界的语言与节奏，踏上通往地球的健康与治愈之路。作用与被作用、移动与被移动，鉴于身体是由这般不可摧毁、只会随着死亡而竭尽的能力构成的，它之中便存在着一种内在的政治：改造自身和他人的能力，改变世界的能力。

后记：
论欢乐的战斗精神

欢乐的战斗精神的原则在于，我们的政治事业要么是解放性的，以一种积极的、令我们成长、带给我们欢乐的方式改变我们的生活，要么就是哪里出了问题。

悲伤的政治往往来自对我们就个体而言能行之事的夸大判断，后者导致我们习惯于给自己过重的负担。这让我想起了尼采在《查拉图斯特拉如是说》中所说的"变形"，他将骆驼描述为驮畜，是负重精神的化身。骆驼是那些总是背负巨量工作的激进分子的原型，因为他们认为世界的命运取决于他们。英勇的斯达汉诺夫式激进分子总是感到悲伤，因为他们试图做的事情太多了，以至于他们从未完全投入他们正在做的事情之中，从未投入他们的生活之中，也无法欣赏他们政治工作中那些带来变革的可能性。当我们以这种方式工作时，我们也会感到挫败，因为我们所做的事情并没有改变我们，我们也没时间去改变与我们共同奋斗的人的关系。

错误便在于我们设定了无法达到的目标，并且总是在"反对"，而不是试图建设什么。这意味着我们总被投射到未来，然而欢乐的政治在当下就已经具有建设性。今天更多的人看到了这一点。我们不能将我们的目标置于那不断后撤的未来。我们需要设定一些我们在当下也能部分实现的目标，当然，我们的视野显然必须更为宽广。政治上的积极必须实际地改变我们的生活以及我们与周围人的关系。当我们把要实现的目标不断推迟到我们永远看不到的未来，并因此对当下可能发生的事情视而不见时，就会感到悲伤。

我同样反对自我牺牲的观点。如果牺牲意味着我们必须压抑自己，我们要做违背自己需要、欲望和潜能的事情，那我根本不相信它。这并不是说政治工作不会让人痛苦。而是说，我们因决定做会带来痛苦后果（如：面临镇压、看到我们关心的人受伤）的事情而受的煎熬和自我牺牲之间存在区别，后者意味着因为相信这是自己的责任而去做那些违背我们欲望和意愿的事情。这使工作中的个体不满、不幸福。政治工作必须是治愈性的。它必须给我们力量、愿景、增强我们的团结感、使我们意识到彼此之间相互依存。能够将我们的痛苦政治化，将它变成知识的来源，变成一种与他人联结的东西——所有这些都有治愈的力量。这就是"培力"（empowering）（虽然，我已经开始不欣赏这个词了）。

我认为，激进左派往往不能吸引人们的原因在于，没有注意到政治工作的再生产方面——一起吃晚饭、加强我们作为集体一分子感受的歌曲、我们在彼此之间培养起来的情感关系。例如，美洲的土著就告诉我们，节日是多么重要，它不仅是娱乐的手段，还能够建立团结，赋予相互之间的情感与责任以新的意义。他们教会我们将人们聚集在一起活动的重要性，这些活动使我们感到团结的温暖并建立信任。因此，他们非常认真地对待节日的组织工作。尽管受到种种限制，过去的工人组织还是履行了集体活动的职能；他们建立了一些中心，（男性）工人在下班后会去那儿喝杯酒，与同志们会面，获取最新的消息和行动计划。通过这种方式，政治创造了一个大家庭，知识在不同世代之间的传递得到了保证，政治本身也获得了不同的意义。这不再是左派的文化，至少在我们的时代不是，这也是悲伤的部分原因。政治工作应该改变我们与人们的关系，增进我们的联结，让我们知道自己并非孑然与世界作战，从而给我们勇气。

相比幸福（happiness），我更倾向于说欢乐（joy）。我之所以更倾向于说欢乐，是因为它是一种积极的激情。它不是一种停滞不前的存在状态。它并非对现实事物的满足。欢乐让我们感受到自己的力量，看到我们的能力在自己和周围人身上增长。这种感情来自改变的过程。用斯宾诺莎的话来说，它意味着我们理解自己的处境，并按照当前时刻对我们的要求来前进。因而我们感到自己有改变现状的力量，且我们正与其他人一起促进改变。欢乐意味着不向现状默默服从。

斯宾诺莎说快乐来自理性与理解。这之中的关节在于理解我们是带着许多伤痕来参加运动的。我们的生命中都带有资本主义社会的痕迹。事实上，这就是我们想要斗争、想要改变世界的原因。如果在这个社会中我们已经成了完美人类——无论这意味着什么，斗争就不再有必要。但由于我们想象在运动里只能找到和谐关系，而在现实中却经常遭遇嫉妒、诽谤和不平等的权力关系，我们往往感到失望。

在妇女运动中，我们也会体验那些让人痛苦和失望的关系。事实上，正是在妇女团体和组织中，我们最有可能体验最深刻的失望和痛苦。因为我们可能预料到男人会辜负和背叛我们，但不期望从女人那里得到这样的结果；我们没料想到身为女性我们也会互相伤害，也会感到被贬低、被忽视，或者让其他女性有这些感受。显然，有时在个人冲突的背后，存在着未被承认的、可能无法克服的政治分歧。但也有可能我们之所以感到受背叛和心碎，是因为我们以为参加激进运动——尤其是参加女性主义运动——就能保证我们从各种身心伤害中解放出来；因此，我们卸下了防备，而在与男性的个人关系或在男女混合的组织中我们从不这样做。悲伤不可避免地到来，有时甚至到了令我们决定离弃运动的地步。随着时间的推移，我们领会到：在妇女运动中经常遇到的琐碎、嫉妒和过度脆弱，往往是在资本主义社会中生活所造成的扭曲的一部分。学会识别它们而不是被其摧毁，是我们政治成长的一个环节。

参考文献

Acton, William. (1857) 1969. *Prostitution*. New York: Praeger.

Apfel, Alana. 2016. *Birth Work as Care Work: Stories from Activist Birth Communities*. Oakland: PM Press.

Arditti, Rita, Renate Klein, and Shelley Minden, eds.1984. *Test-Tube Women: What Future for Motherhood?* London: Pandora Press.

Baggesen, Lise Haller. 2014. *Mothernism*. Chicago: Green Lantern Press.

Barnes, Barry, and Steven Shapin, eds., 1979. *Natural Order: Historical Studies of Scientific Culture*. Beverly Hills, CA: Sage.

Beauvoir, Simone de. 1989. *The Second Sex*. New York: Vintage Books. Translated from the French *Le Deuxième Sexe*. Gallimard, 1949.

Beckles, Hilary McD. 1989. *Natural Rebels: A Social History of Enslaved Black Women in Barbados*. New Brunswick, NJ: Rutgers University Press.

Berardi, Franco. 2009a. *Precarious Rhapsody: Semiocapitalism and Pathologies of the Post-Alpha Generation*. London: Minor Composition.

——. 2009b. *The Soul at Work: From Alienation to Autonomy*. Los Angeles: Semiotext(e).

Bernasconi, Robert. 2001. "Who Invented the Concept of Race?" In *Race*, edited by Robert Bernasconi, 11–36. Malden, MA: Blackwell.

Bordo, Susan. 1993. *Unbearable Weight: Feminism, Western Culture and the*

Body. Berkeley: University of California Press.

Boston Women's Health Book Collective. 1976. *Our Bodies, Ourselves: A Book by and for Women.* New York: Simon and Schuster. First published 1971.

Bowring, Finn. 2003. *Science, Seeds, and Cyborgs: Biotechnology and the Appropriation of Life.* London: Verso.

Brand, Stewart, ed. 1977. *Space Colonies.* New York: Penguin.

Braverman, Harry. 1974. *Labor and Monopoly Capital: The Degradation of Work in the Twentieth Century.* New York: Monthly Review.

Briggs, Laura. 2002. *Reproducing Empire: Race, Sex, Science, and U.S. Imperialism in Puerto Rico.* Berkeley: University of California Press.

Brown, J.A.C. 1954. *The Social Psychology of Industry.* London: Pelican.

Brown, Jenny. 2018. *Birth Strike: The Hidden Fight over Women's Work.* Oakland: PM Press.

Butchart, Alexander. 1998. *The Anatomy of Power: European Constructions of the African Body.* London: Zed Books.

Butler, Judith. 1993. *Bodies That Matter: On the Discursive Limits of Sex.* New York: Routledge.

———. 1999. *Gender Trouble: Feminism and the Subversion of Identity.* New York: Routledge.

———. 2004. *Undoing Gender.* New York: Routledge.

Caffentzis, George. 2000. *Exciting the Industry of Mankind: George's Berkeley's Philosophy of Money.* Dortrecht: Kluwer.

———. 2012. *In Letters of Blood and Fire: Work, Machines, and the Crisis of Capitalism.* Oakland: PM Press.

———. 2021. *Hume, his Monetary Project, and the Scottish Enlightenment.* London: Pluto Press.

Carlsson, Chris. 2008. *Nowtopia: How Pirate Programmers, Outlaw Bicyclists, and Vacant-Lot Gardeners Are Inventing the Future Today.* Oakland: AK

Press.

Connelly, Matthew. 2008. *Fatal Mis-Conception: The Struggle to Control World Population*. Cambridge, MA: The Belknap Press of Harvard University Press.

Corea, Gena. 1979. *The Mother Machine: Reproductive Technologies from Artificial Insemination to Artificial Wombs*. New York: Harper and Row.

Cott, Nancy. 1972. *Root of Bitterness: Documents of the Social History of American Women*. New York: E.P. Dutton.

Danna, Daniela. 2015. *Contract Children: Questioning Surrogacy*. Stuttgart: Ibidem-Verlag.

——. 2019. *Il peso dei numeri: Teorie e dinamiche della popolazione*. Trieste: Asterios Editore.

Danner, Mona J. E. , 2012. "Three Strikes and It's Women Who Are Out: The Hidden Consequences for Women of Criminal Justice Policy Reforms." In *It's a Crime: Women and Justice*, edited by Roslyn Muraskin, 354–364. 5th ed. Boston: Prentice Hall.

Davis, Angela. 1998. "Surrogates and Outcast Mothers: Racism and Reproductive Policies in the Nineties." In *The Angela Y. Davis Reader*, edited by Joy James, 210–221. Malden, MA: Blackwell.

Deleuze, Gilles. 1997. *Negotiations: 1972–1990*. New York: Columbia University Press.

Diepenbrock, Chloé. 2000. "God Willed It! Gynecology at the Checkout Stand: Reproductive Technology in the Women's Service Magazine, 1977–1996." In *Body Talk: Rhetoric, Technology, Reproduction*, edited by Mary M. Lay et al., 98–121. Madison: University of Wisconsin Press.

Ehrenreich, Barbara. 2001. "Welcome to Cancerland: A Mammogram Leads to a Cult of Pink Kitsch." *Harper's Magazine*, November 2001, 43–53.

——. 2018. *Natural Causes: An Epidemic of Wellness, the Certainty of Dying, and Killing Ourselves to Live Longer*. New York: Hachette Book Group.

Ehrenreich, Barbara, and Deirdre English. 2010. *Witches, Midwives and Nurses: A History of Women Healers*. 2nd ed. New York: The Feminist Press at CUNY. First published 1973.

Fanon, Frantz. 1967. *Black Skin, White Masks*. New York: Grove Press. Fausto-Sterling, Anne. 2000. *Sexing the Body: Gender Politics and the Construction of Sexuality*. Boston: Basic Books.

Federici, Silvia. 2004. *Caliban and the Witch: Women, the Body and Primitive Accumulation*. Brooklyn: Autonomedia.

———. 2012. *Revolution at Point Zero: Reproduction, Housework and Feminist Struggle*. Oakland: PM Press.

———. 2018. *Witches, Witch-Hunting, and Women*. Oakland: PM Press.

Firestone, Shulamith. 1970. *The Dialectic of Sex: The Case for Feminist Revolution*. London: Woman's Press.

Foucault, Michel. 1978. *A History of Sexuality*. Vol.1, *An Introduction*. New York: Penguin. Translated from the French *La Volonté de Savoir*. Gallimard, 1976.

———. 1979. *Discipline and Punish: The Birth of the Prison*. New York: Vintage Books. Translated from the French *Surveiller et Punir: Naissance de la Prison*. Gallimard, 1975.

Fox, Meg. 1989. "Unreliable Allies: Subjective and Objective Time in Childbirth." In *Taking Our Time: Feminist Perspectives on Temporality*, edited by Frieda Johles Forman with Caoran Sowton, 123–135. Oxford: Pergamon Press.

Freud, Sigmund. 1973. *Sexuality and the Psychology of Love*. New York: Collier.

Gargallo Celentani, Francesca. 2013. *Feminismo desde Abya Yala: Ideas y proposiciones de las mujeres de 607 pueblos en nuestra América*. Buenos Aires: América Libre—Chichimora Editorial.

Ginsburg, Faye D., and Rayna Rapp, eds. 1995. *Conceiving the New World Order: The Global Politics of Reproduction*. Berkeley: University of

California Press.

Greenberg, Gary. 2010. "The War on Unhappiness." *Harper's Magazine*, September 2010: 27–35.

Guattari, Félix. 1996. *Soft Subversions*. Edited by Silvère Lotringer. New York: Semiotext(e).

Haley, Sarah. 2016. *No Mercy Here: Gender, Punishment, and the Making of Jim Crow Modernity*. Chapel Hill: University of North Carolina Press.

Haller Baggesen, Lise. 2014. *Mothernism*. Chicago: Green Lantern Press.

Hanmer, Jalna. 1983. "Reproductive Technology: The Future for Women?" In *Machina ex Dea: Feminist Perspectives on Technology*, edited by Joan Rothschild, 183–197. New York: Pergamon Press.

Haraway, Donna J. 1991. "Cyborg Manifesto." In *Simians, Cyborgs, and Women: The Reinvention of Nature*. New York: Routledge.

Harcourt, Wendy. 2009. *Body Politics in Development*. London: Zed Books.

Harris, Wess, ed. 2017. *Written in Blood: Courage and Corruption in the Appalachian War of Extraction*. Oakland: PM Press.

Hartmann, Betsy. 1995. *Reproductive Rights and Wrongs: The Global Politics of Population Control. Boston*: South End Press.

Hobbes, Thomas. 1651. *Leviathan*. London: Crooke.

hooks, bell. 1981. *Ain't I a Woman: Black Women and Feminism*. Boston: South End Press.

——. 1988. *Talking Back: Thinking Feminism, Thinking Black*. Toronto: Boston: South End Press.

——. 1990. *Yearning: Race, Gender, and Cultural Politics*. Boston: South End Press,

Hornblum, Allen M., Judith L. Newman, and Gregory J. Dober. 2013. *Against Their Will: The Secret History of Medical Experimentation on Children in Cold War America*. New York: St. Martin's Press.

Johles Forman, Frieda, ed., with Caoran Sowton. 1989. *Taking Our Time:*

Feminist Perspectives on Temporality. New York: Pergamon Press.

Johnson, Richard, and Charles H. Holbrow, eds. 1977. *Space Settlements: A Design Study.* Washington, DC: NASA, Scientific and Technical Information Office.

Jones, James H. 1993. *Bad Blood: The Tuskegee Syphilis Experiment.* New York: Free Press. First published 1981.

Jones, Jesse. 2017. *Tremble, Tremble/Tremate, Tremate.* Dublin: Project Press; Milan: Mousse Publishing.

Komarovsky, Mirra. 1967. *Blue-Collar Marriage.* New York: Vintage Books.

Laqueur, Thomas. 1990. *Making Sex: Body and Gender from the Greeks to Freud.* Cambridge, MA: Harvard University Press.

Lay, Mary M. et al., eds. 2000. *Body Talk: Rhetoric, Technology, Reproduction.* Madison: University of Wisconsin Press.

LeFlouria, Talitha L. 2016. *Chained in Silence: Black Women and Convict Labor in the New South.* Chapel Hill: University of North Carolina Press.

Le Sueur, Meridel. 1984. *Women on the Breadlines.* Minneapolis: West End Press. First published 1977.

Levidow, Les, and Kevin Robins. 1989. *Cyborg World: The Military Information Society.* London: Free Association Books.

Linebaugh, Peter. 1992. *The London Hanged: Crime and Civil Society in the 18th Century.* Cambridge: Cambridge University Press.

Locke, John. (1689) 1959. *An Essay Concerning Human Understanding.* Vol.1. New York: Dover.

Lombroso, Cesare, and Guglielmo Ferrero. (1893) 2004. *Criminal Woman, the Prostitute, and the Normal Woman.* Durham, NC: Duke University Press.

Lyubomirsky, Sonja, Laura King, and Ed Diener. 2005. "The Benefits of Frequent Positive Effect: Does Happiness Lead to Success?" *Psychological Bulletin* 131, no.6, 803–855.

Mac, Juno, and Molly Smith. 2018. *Revolting Prostitutes: The Fight for Sex*

Workers' Rights. London: Verso.

Marshall, Alfred. (1890) 1990. *Principles of Economics.* Philadelphia: Porcupine Press.

Marx, Karl. 1988. *Economic and Philosophical Manuscripts of 1844.* Translated by Martin Milligan. Buffalo: Prometheus Books.

——. 1990. *Capital.* Vol.1. London: Penguin.

Melossi, Dario, and Massimo Pavarini. 1981. *The Prison and the Factory: Origin of the Penitentiary System.* Totowa, NJ: Barnes and Noble.

Merino, Patricia. 2017. *Maternidad, Igualdad y Fraternidad: Las madres como sujeto político en las sociedades poslaborales.* Madrid: Clave Intelectual.

Mies, Maria. 2014. *Patriarchy and Accumulation on a World Scale: Women in the International Division of Labor.* London: Zed Books. First published 1986.

Milwaukee County Welfare Rights Organization. 1972. *Welfare Mothers Speak Out: We Ain't Gonna Shuffle Anymore.* New York: Norton.

Molina, Natalia. 2006. *Fit to Be Citizens: Public Health and Race, 1879–1939.* Berkeley: University of California Press.

Moraga, Cherríe, and Gloria Anzaldúa, eds. 1983. *This Bridge Called My Back.* New York: Kitchen Table: Women of Color Press.

Morgan, Robin. 1970. *Sisterhood Is Powerful: An Anthology of Writings from the Women's Liberation Movement.* New York, Random House.

Murphy, Julien S. 1995. *The Constructed Body: AIDS, Reproductive Technology, and Ethics.* New York: SUNY Press.

Nissim, Rina. 2014. *Une sorcière des temps modernes: Le self-help et le mouvement femmes et santé.* Lausanne: Editions Mamamélis.

Noble, David F. 1999. *The Religion of Technology: The Divinity of Man and the Spirit of Invention.* New York: Penguin.

Nourse, Victoria F. 2008. *In Reckless Hands. Skinner v. Oklahoma and the Near Triumph of American Eugenics.* New York: W.W. Norton.

O'Neill, William L. 1967. *Divorce in the Progressive Era*. New Haven, CT: Yale University Press.

Paltrow Lynn M., and Jeanne Flavin. 2013. "Arrests and Forced Interventions on Pregnant Women in the United States, 1973–2005: Implications for Women's Legal Status and Public Health." *Journal of Health Politics, Policy and Law* 38, no.2 (April): 299–343.

Pateman, Carole. 1988. *The Sexual Contract*. Stanford, CA: Stanford University Press.

Pfeufer Kahn, Robbie. 1989. "Women and Time in Childbirth and Lactation." In *Taking Our Time: Feminist Perspectives on Temporality*, edited by Frieda Johles Forman with Caoran Sowton, 20–36. New York: Pergamon Press.

Polhemus, Ted. 1978. *The Body Reader: Social Aspects of the Human Body*. New York: Pantheon.

Poole, W. Scott. 2009. *Satan in America: The Devil We Know*. Rowman and Littlefield.

Reese, Ellen. 2005. *Backlash against Welfare Mothers: Past and Present*. Berkeley: University of California Press.

Reinhold, Robert. 1982. "Strife and Despair at South Pole Illuminate Psychology of Isolation." *New York Times*, January 12, 1982.

Roberts, Dorothy. (1997) 2017. *Killing the Black Body: Race, Reproduction, and the Meaning of Liberty*. New York: Vintage Books.

Rothschild, Joan ed. 1983. *Machina Ex Dea: Feminist Perspectives on Technology*. New York: Pergamon Press.

Rozzi, R.A. 1975. *Psicologi e Operai: Soggettività e lavoro nell'industria italiana*. Milan: Feltrinelli.

Rynes, Sara L., Barry Gerhart, and Laura Parks-Leduc. 2005. "Personnel Psychology: Performance Evaluation and Pay for Performance." *Annual Review of Psychology* 56, no.1 (February): 571–600.

Salecl, Renata. 2004. *On Anxiety*. New York: Routledge.

Sartre, Jean-Paul. 1956. *Being and Nothingness: A Phenomenological Essay on Ontology*. New York: Pocket Books. Translated from the French *L'être et le néant*. Gallimard, 1953.

———. 1976. *No Exit and Three Other Plays*. New York: Vintage Books. Translated from the French *Huis Clos*. Gallimard, 1945.

Schiebinger, Londa. 2004. *Nature's Body: Gender in the Making of Modern Science*. New Brunswick, NJ: Rutgers University Press. First published 1993.

Seidman, Steven. 1997. *Difference Troubles. Queering Social Theory and Sexual Politics*. Cambridge: Cambridge University Press.

Solinger, Rickie, et al., eds., 2010. *Interrupted Lives: Experiences of Incarcerated Women in the United States*. Berkeley: University of California Press.

Starr, Paul. 1982. *The Social Transformation of American Medicine*. New York: Basic Books.

Stocking, George W., Jr. 1988. *Bones, Bodies, Behavior: Essays on Biological Anthropology*. Madison: University of Wisconsin Press.

Sublette, Ned, and Constance Sublette. 2016. *The American Slave Coast: A History of the Breeding Industry*. Chicago: Lawrence Hill.

Tajima-Pena, Renee, director and producer. 2015. *No Más Bebés/No More Babies*. San Francisco: ITVS; Los Angeles: Moon Canyon Films.

Tapia, Ruby C. 2010. "Representing the Experience of Incarcerated Women in the United States." In *Interrupted Lives: Experiences of Incarcerated Women in the United States*, edited by Rickie Solinger, 1–6. Berkeley: University of California Press.

Taylor, Sunaura. 2017. *Beasts of Burden: Animal and Disability Liberation*. New York: New Press.

Townley, Chiara. 2019. "Cosmetic Surgery Is on the Rise, New Data Reveal." *Medical News,* March 17, 2019.

Turner, Bryan S. 1992. *Regulating Bodies: Assays in Medical Sociology.* London: Routledge.

Turney, Lyn. 2000. "The Politics of Language in Surgical Contraception." In *Body Talk: Rhetoric, Technology, Reproduction*, edited by Mary M. Lay et al., 161–83. Madison: University of Wisconsin Press.

Twohey, Megan. 2013. "Americans Use the Internet to Abandon Children Adopted from Overseas." Reuters investigative report, The Child Exchange: Inside America's Underground Market for Adopted Children, part 1 (September 9). https: //www.reuters.com/investigates/adoption/#article/part1.

Valentine, David. 2007. *Imagining Transgender: An Ethnography of a Category.* Durham, NC: Cuke University Press.

Welsome, Eileen. 1993. *"The Plutonium Experiment." Albuquerque Tribune*, November 15–17, 1993.

Williams, Kristian. 2006. *American Methods: Torture and the Logic of Domination.* Boston: South End Press.

Wittig, Monique. 1992. "The Straight Mind." In *The Straight Mind and Other Essays*, 21–32. New York: Harvester Wheatsheaf.

Yurick, Sol. 1985. *Behold Metatron, the Recording Angel.* Brooklyn: Autonomedia.

守望思想　　逐光启航

超越身体边界

[意] 西尔维娅·费代里奇 著

汪君逸 译

丛书主编　谢　晶　张　寅　尹　洁
责任编辑　张婧易
营销编辑　池　淼　赵宇迪
装帧设计　崔晓晋

出版：上海光启书局有限公司
地址：上海市闵行区号景路 159 弄 C 座 2 楼 201 室　201101
发行：上海人民出版社发行中心
印刷：上海盛通时代印刷有限公司
制版：南京展望文化发展有限公司

开本：850mm×1168mm　　1/32
印张：6.625　　字数：104,000　　插页：2
2023 年 7 月第 1 版　　2023 年 7 月第 1 次印刷
定价：65.00 元
ISBN：978-7-5452-1979-1 / C·1

图书在版编目 (CIP) 数据

超越身体边界 / (意) 西尔维娅·费代里奇著；汪
君逸译. —上海：光启书局，2023
书名原文：Beyond the Periphery of the Skin:
Rethinking, Remaking and Reclaiming the Body in
Contemporary Capitalism
ISBN 978-7-5452-1979-1

Ⅰ. ①超… Ⅱ. ①西… ②汪… Ⅲ. ①身体—社会行
为学—研究 Ⅳ. ① C912.68

中国国家版本馆 CIP 数据核字（2023）第 073304 号

本书如有印装错误，请致电本社更换 021-53202430